Sebastian Moll

Das Evangelium nach Homer

SEBASTIAN MOLL

DAS EVANGELIUM NACH HOMER

Die Simpsons und die Theologie

Brendow
Verlag | Alles, was Sinn macht!

Bibliografische Information der Deutschen Nationalbibliothek
Die Deutsche Nationalbibliothek verzeichnet diese Publikation in der Deutschen Nationalbibliografie; detaillierte bibliografische Daten sind im Internet über http://dnb.d-nb.de abrufbar.

ISBN 978-3-86506-731-9

Coverillustration und Einbandgestaltung: Dietmar Reichert
Satz: Brendow Web & Print, Moers
Druck und Verarbeitung: CPI – Clausen & Bosse, Leck
Printed in Germany

www.brendow-verlag.de

„Drei Dinge helfen, die Mühseligkeiten des Lebens zu ertragen: Die Hoffnung, der Schlaf und das Lachen.“

Immanuel Kant

„Mir ist alles recht, was mich von meinem Leben ablenkt.“

Homer Simpson

Inhalt

VORWORT

Die Menschen, wie ich sie sehe, teilen sich in zwei große Gruppen auf, in solche, die die Simpsons mögen, und die anderen, mit denen ich nichts anfangen kann.

Die Simpsons sind die älteste und erfolgreichste Comic-Serie der Welt, und trotzdem sind sie anarchischer und elitärer als alles, was das deutsche Fernsehen zu bieten hat, und vor allem, ich unterhalte mich weit intelligenter. Möglicherweise, nein, ganz sicher sogar, hängt das mit den Autoren der Serie zusammen, die alle aus Harvard oder aus Stanford stammen und schon auf ihren Unis zu den Lustigeren und Durchgeknallteren gehörten.

Sicher, „South Park" ist nicht schlecht, vor allem die Folge, in der Santa Claus weggeballert wird – weg mit ihm, dem roten Fettsack, heidnische Erfindung sowieso – aber das sind Ausreißer, während die „Simpsons" zuverlässige Bestware liefern und solide die Himmel- und Höllenfahrten Amerikas anhand dieser Kleinfamilie aufs Korn nehmen.

Da ist Homer, Familienoberhaupt und passionierter Biertrinker, der seinem Sohn Bart die goldene Devise mitgibt: „Son, if something's too hard to do, then it's not worth doing it." Seine Ehefrau Marge mit der Reibeisenstimme, trotz aller Anarchie die typische *american mum* mit gelegentlichen Anfällen zur Romantik, Sohn Bart, der nur Unsinn im Kopf hat, Lisa, seine hochintelligente Tochter, strebsam und streberisch und altklug, wie achtjährige Gören eben sind, und das Nuckelbaby. Nicht zu vergessen der Großvater, der auch öfter durchdreht in einem Senioren-Heim.

Mein Lieblingsdialog:

„Großvater, wenn du das noch einmal machst, stecken wir dich ins Heim“

„Aber ich bin doch schon im Heim!“

„Dann stecken wir dich eben in ein besonders beschissenes Heim.“

Ach so, alle so lala fromm.

Sebastian Moll, einer der scharfsinnigsten christlichen Essayisten des Landes, ist natürlich Simpsons-Fan. Und Simpsons-Analyst. In diesem Buch stellt er sie unter theologischen Aspekten vor, die Simpsons und die übrigen Bewohner des Kleinstädtchens Springfield irgendwo in den USA, und er trifft genau den Ton, der die Serie auszeichnet: diabolisches Vergnügen, trockener Humor und profundes theologisches Wissen in dieser Abhandlung, dieser summa theologiae der Kleinstadtamerikaner.

Die Amerikaner, das sei hier eingefügt, sind jenseits des Iran das wohl frömmste Volk der Welt. Sie hatten ihre ersten Siedlungen als Glaubenskolonien gegründet, sie hielten sich lange für das auserwählte Volk der Neuzeit und nannten sich „God's own country“ oder „The New Jerusalem“. Rund 80 Prozent beten mindestens einmal am Tag, während bei uns selbst Kirchensteuerzahler das allenfalls Weihnachten und Ostern tun, weil's da in die Kirche geht.

Die USA sind das Land der Millionen Kirchen, protestantisch zumeist, evangelikal, presbyterianisch, baptistisch, pfingstlerisch, methodistisch, katholisch, ich habe diesen grandiosen religiösen Supermarkt an frommer Schriftauslegung und großer Show und, ja, wunderbaren Nachbarschaftshilfen in meiner vierjährigen Korrespondentenzeit in den 1990er Jahren immer wieder fasziniert beobachtet und beschrieben.

Alle sind fromm auf die eine oder andere Art, und wer mit dem zur Verfügung stehenden Angebot nicht zufrieden ist, gründet eine eigene Kirche und versucht, aus ihr und mit ihr Kapital zu schlagen wie Reverend Lovejoy, Vertreter der Phantasiekirche „Western Branch of American Reform Presbylutheranism“.

Kenntnisreich und hochintelligent führt uns Sebastian Molls Buch in die Glaubenswelt der Simpsons und der Amerikaner ein.

Ich habe gelacht, ich habe gestaunt, ich habe gelernt.

Ein einziges großes Vergnügen.

Matthias Matussek

EINLEITUNG

In Umberto Ecos Roman „Der Name der Rose“ lässt der blinde Bibliothekar Jorge seine gesamte Bibliothek in Flammen aufgehen, nur, um das Geheimnis eines Buches zu wahren, in dem das Lachen wohlwollend thematisiert wird. „Das Lachen ist die Schwäche, die Hinfälligkeit und Verderbtheit unseres Fleisches“, es gefährde den Respekt vor der göttlichen Ordnung der Welt, so die Überzeugung Jorges, die ihn zu seinem fanatischen Handeln anstachelt. Diese fiktive Szene aus einem Kloster des 14. Jahrhunderts findet in der heutigen Welt ihr trauriges Pendant in dem mörderischen Wahn jener Terroristen, die das Lachen über den Propheten Mohammed um jeden Preis verhindern wollen. Warum hat das Lachen offenbar besonders auf religiöse Menschen eine derart furchteinflößende Wirkung? Kann denn Lachen Sünde sein?

Der blinde Jorge hat ja nicht ganz unrecht, wenn er feststellt, dass der Mensch durch das Lachen eine gewisse Distanz zur Welt aufbaut. Aber ist dies wirklich eine Beleidigung Gottes? Ist die Welt, die wir um uns herum wahrnehmen, wirklich die Welt, die Gott für uns vorgesehen hatte? Jeder Mensch, ob religiös oder nicht, spürt in sich ein Unbehagen über den Zustand der Welt, er fühlt, dass die Welt nicht so ist, wie sie sein sollte. Dieser Umstand ist umso interessanter, wenn man bedenkt, dass der Mensch diese Erkenntnis nicht aus der Erfahrung gewonnen haben kann, da ihm ja keine andere Welt bekannt ist. Die Bibel versucht dieses Phänomen durch die Erzählung vom Sündenfall zu erklären. Der Mensch beraubt sich durch seine Rebellion gegen Gottes Willen seiner ursprünglich paradiesischen Umgebung und wird in die grausame Welt außerhalb des Gartens geworfen. Somit ist sein Gefühl, dass die Welt nicht so ist, wie sie sein sollte, eine Art tiefverwurzelte Erinnerung an das Paradies. Ob man diese Erklärung nun für plausibel hält oder nicht, um das besagte Gefühl jener unbestimmten Unzufriedenheit mit dem Zustand der Welt kommen wir alle nicht herum.

Nun gibt es verschiedene Arten, damit umzugehen. Manche zerbrechen regelrecht unter dieser Last und verfallen in Zynismus oder Melancholie. Andere lehnen sich dagegen auf und versuchen, die Welt so zu gestalten, wie sie – ihrer Meinung nach – sein sollte. Diese Variante endet leider nicht selten in Fanatismus und Gewalt. Als dritte Möglichkeit bleibt der Humor, und er ist vielleicht nicht die schlechteste Antwort.

Humor ist die Fähigkeit, eine Welt zu akzeptieren, die anders ist, als man sie gerne hätte. Selbst der große Immanuel Kant, der nicht gerade als Witzbold der Nation bekannt war, sagte einmal: „Drei Dinge helfen, die Mühseligkeiten des Lebens zu tragen: Die Hoffnung, der Schlaf und das Lachen."

Ist Humor aber auch in religiösen Fragen angebracht? Geht es dabei nicht um ernsthafte Dinge? Durchaus, doch wie Tucholsky sagen würde: „Langweilig ist noch lange nicht ernsthaft." Leider werden diese beiden Eigenschaften oft miteinander verwechselt, auch und gerade von Theologen und Kirchenfunktionären. Dabei könnte uns gerade der Humor beim Umgang mit der Religion helfen. Religiöse Systeme sind Menschenwerk. Das ist keineswegs so zu verstehen, dass religiöser Glaube einfach eine Erfindung des Menschen ohne realen Bezugspunkt sei. Wohl aber ist beispielsweise die Bibel nicht einfach vom Himmel gefallen, sondern von Menschen geschrieben und zusammengestellt worden. Auch unsere Glaubensbekenntnisse und Katechismen sind Produkte des menschlichen Geistes. Die Religion ist fehlerhaft, weil der Mensch fehlerhaft ist. Daher ist es durchaus geboten, ihr zuweilen auch mit Distanz und Humor zu begegnen. Dabei können uns die Simpsons helfen.

Die Simpsons sind die erfolgreichste Fernsehsendung aller Zeiten und mit ihren nunmehr über 25 Jahren Laufzeit sogar älter als das wiedervereinigte Deutschland. Natürlich handelt es sich nicht um eine theologische Serie, sondern um Satire. Ganz bewusst lautet der Titel dieses Buches nicht „Die Theologie der Simpsons", sondern „Die Simpsons und die Theologie". Wenn eine satirische Serie einen derartigen Erfolg verzeichnet, muss sie irgendetwas haben, das die Menschen anspricht, etwas, worin sich Menschen wiedererkennen. Genau das ist das Geheimnis der Simpsons. Bei aller Absurdität, die sich mitunter in der Handlung der Folgen findet, zeichnet sie doch ein echtes Sittengemälde unserer Zeit, mit allen Schwächen ihrer Protagonisten. Das gilt auch für das religiöse Profil der Gemeinde von Springfield. Hier finden wir sämtliche Klischees vereint, vom überfrommen Naivling über den abgeklärten Pfarrer bis hin zum heuchlerischen Ablasshändler. Dabei macht die Serie aber niemals Gott verächtlich, sondern stürzt sich vielmehr auf sein „Bodenpersonal" – und das sollten wir aushalten können!

Die Fähigkeit, sich selbst nicht so ernst zu nehmen, über sich selbst lachen zu können, ist eine entscheidende Voraussetzung dafür, auch seinen Mitmenschen in Frieden und Toleranz zu begegnen. So gesehen wird aus dem Humor weniger eine Sünde als vielmehr eine christliche Tugend. In diesem Sinne, um mit Homer zu sprechen: „Ich habe gelernt, dass das Leben eine nicht enden wollende Folge von vernichtenden Niederlagen ist, bis man sich nur noch wünscht, Flanders sei tot!"

Kapitel I

DIE HEILIGE SCHRIFT UND IHRE AUTORITÄT

„Ich habe alles getan, was in der Bibel steht, selbst den Mist, der an anderer Stelle widerrufen wird."

Ned Flanders

Die Bibel bildet für alle Christen auf der Welt die Grundlage ihres Glaubens, wobei ihre Bedeutung innerhalb der protestantischen Kirchen sogar noch ein wenig höher ist als bei den übrigen Konfessionen. Bei der Kirchengemeinde von Springfield handelt es sich ohne Zweifel um eine protestantische Gemeinde. Erst in Staffel 16 (2005) wird eine präzise konfessionelle Zugehörigkeit genannt, als Reverend Lovejoy den zum Katholizismus übergetretenen Bart zum einzig wahren Glauben des „Western Branch of American Reform Presbylutheranism" zurückbringen will. Hierbei handelt es sich selbstverständlich um eine satirische Pseudokonfession, mit der die unzähligen protestantischen Kleinfamilien innerhalb der amerikanischen Gesellschaft aufs Korn genommen werden sollen. Trotz dieser Aufsplitterung zählen die protestantischen Gemeinden etwa 40 % der Amerikaner zu ihren Mitgliedern und bilden somit die größte religiöse Gruppierung des Landes. Dass die Gemeinde von Springfield diesem Mainstream ebenfalls angehört, wird anhand mehrerer Aspekte deutlich, beispielsweise durch die recht lockere Ordnung der Liturgie, den hohen Stellenwert der Predigt oder die Tatsache, dass Reverend Lovejoy verheiratet ist. Einzig eine baptistische Prägung der Gemeinde kann ausgeschlossen werden, da in Springfield die Kindertaufe praktiziert wird, wie man in der Folge „Bei Simpsons stimmt was nicht!" (Staffel 7, 1995) sehen kann, als Bart und Lisa notgedrungen zu den Flanders ziehen müssen. Bei einem aufregenden biblischen Gesellschaftsspiel während ihres Besuches dort, bei dem die Spieler Fragen beantworten müssen wie „Welcher persische König hat die Leviter von der Besteuerung ausgenommen?", findet Ned heraus, dass die Kinder der Simpsons nicht getauft sind. Warum das so ist, bleibt allerdings unklar, denn schließlich achtet Marge für gewöhnlich sehr auf die religiöse Erziehung der Kinder. Jedenfalls greift Ned sofort zu seiner Nottaufausrüstung und macht sich auf zum nächsten Fluss, wird jedoch im letzten Moment von Homer an der Taufe gehindert.

Zum protestantischen Profil der Gemeinde von Springfield gehört ohne Zweifel auch der hohe Stellenwert, den die Bibel im Leben der Einwohner von Springfield einnimmt. Am deutlichsten macht sich dieser Einfluss im Leben von Ned Flanders bemerkbar. Ned hat, nach eigener Aussage, „alles getan, was in der Bibel steht, selbst den Mist, der an anderer Stelle widerrufen wird". Er hat sogar koscher gelebt, „um auf Nummer sicher zu gehen". Mit dieser Selbsteinlassung hat Flanders auf ein Problem hingewiesen, das viele Menschen beim Lesen der Bibel verspüren: Die Heilige Schrift der Christenheit bietet nicht immer ein einheitliches Bild und enthält zu vielen Themen tatsächlich widersprüchliche Aussagen. Ned Flanders versucht dieses Problem ganz einfach dadurch zu lösen, dass er sich auch an die gegensätzlichen Anweisungen hält, was natürlich Unsinn ist, denn niemand kann gleichzeitig sich widersprechende Forderungen befolgen. Wie aber können Christen sinnvoll mit diesen Gegensätzen umgehen? Hierzu muss zunächst sorgfältig zwischen verschiedenen Arten von Widersprüchen unterschieden werden.

Zunächst gibt es die echten Widersprüche innerhalb der Bibel, insbesondere zwischen Altem und Neuem Testament. Wenn es im Alten Testament „Auge um Auge, Zahn um Zahn“ heißt, im Neuen Testament aber gefordert wird, die andere Wange hinzuhalten, so haben wir es mit einem klaren Gegensatz zu tun. Diese Gegensätze sind aber mitnichten ein Versehen, sondern im Plan der göttlichen Offenbarung angelegt. Für uns Christen bildet die Menschwerdung Gottes in Jesus Christus den Höhepunkt dieser Offenbarung. Daher ist die gesamte Bibel, auch und gerade das Alte Testament, auf ihn hin bzw. von ihm her zu lesen. Wenn also Christus spricht: „Ihr habt gehört, dass gesagt ist: „Auge um Auge, Zahn um Zahn.“ Ich aber sage euch, dass ihr nicht widerstreben sollt dem Übel, sondern: Wenn dich jemand auf deine rechte Backe schlägt, dem biete die andere auch dar“ (Matthäus 5,38-39), so stellt er ganz bewusst sich selbst als das lebendige Wort Gottes über die Autorität der alttestamentlichen Überlieferung. Ebenso verhält es sich beispielsweise mit den alttestamentlichen Speisevorschriften, die Jesus mit seinen berühmten Worten „Es gibt nichts, was von außen in den Menschen hineingeht, das ihn unrein machen könnte; sondern was aus dem Menschen herauskommt, das ist“s, was den Menschen unrein macht“ (Markus 7,15) für nichtig erklärt. Wenn Ned Flanders also sagt, er habe koscher gelebt, um auf Nummer sicher zu gehen, dann hat er in seinem

Übereifer, alle Gebote der Bibel gleichermaßen zu erfüllen, das Entscheidende übersehen, nämlich, dass Christus ihn von dieser Notwendigkeit befreit hat. Paulus spricht von solchen Menschen sogar als den Schwachen im Glauben (Römerbrief 14). Ironischerweise offenbart Ned durch sein Verhalten also keine Glaubensstärke, sondern eher Züge eines Pharisäers.

Die zweite Gruppe von Widersprüchen bilden solche, die sich aus dem Charakter der Bibel als Schriftensammlung ergeben. Die Bibel ist kein in einem Mal von einer Person durchgeschriebenes Buch, sondern eine riesige Bibliothek verschiedener Bücher, zwischen deren Abfassung mitunter Jahrhunderte liegen. Aber nicht nur das: Manchmal sind auch einzelne Bücher aus verschiedenen Texten zusammengesetzt worden. Ein gutes Beispiel hierfür findet sich gleich zu Beginn der Bibel. Ursprünglich handelte es sich bei der Schöpfungsgeschichte um zwei voneinander unabhängige Erzählungen, die erst später zu einer einzigen zusammengefügt wurden. Die erste berichtet von der Schöpfung der Welt in sechs Tagen (Genesis 1-2,4a), die zweite beschreibt den Sündenfall und die Vertreibung aus dem Paradies (2,4b-3,28). Die zweite Erzählung ist eigentlich die ältere der beiden, wurde aber hinter die andere platziert, da sich nur so ein Übergang von der Erschaffung des Menschen innerhalb des Sechstagewerks zu den Ereignissen im Paradies herstellen ließ. Tatsächlich lassen sich gewisse Brüche trotzdem nicht leugnen, so zum Beispiel der Umstand, dass die Tiere in der ersten Erzählung vor dem Menschen geschaffen werden, in der zweiten aber erst nach ihm. Auch der Schöpfungsakt ist ein völlig anderer. Während Gott im ersten Bericht durch das Wort die Dinge erschafft, legt er in der zweiten Erzählung persönlich Hand an.

Es ist völlig offensichtlich, dass nicht beide Versionen korrekt sein können. Deshalb sollte man sich auch davor hüten, von der Irrtumslosigkeit der Bibel zu sprechen. Die Bibel ist nicht irrtumslos im wissenschaftlichen Sinne, sie enthält ganz zweifellos Texte, die selbst mit großer Kreativität nicht glaubwürdig unter einen Hut zu bringen sind – was bedauerlicherweise nicht heißt, dass es nicht immer wieder versucht würde. Beim Lesen dieser Versuche hat man zuweilen allerdings den Eindruck, als befände man sich mitten in einer Folge der Simpsons!

Es wurde bereits darauf hingewiesen, dass sich die Schöpfungsberichte vor allem in ihrer Chronologie unterscheiden. Zwar sind beide Erzählungen auf den Menschen ausgerichtet, doch während er in der ersten als Krönung am Ende geschaffen wird, geht die zweite vom Menschen als Mittelpunkt aus, um dessentwillen die übrige Schöpfung (Pflanzen, Tiere etc.) erfolgt. Diejenigen, die solche Widersprüche nicht anerkennen wollen, argumentieren nun beispielsweise, dass es sich bei den Pflanzen, die Gott laut zweitem Schöpfungsbericht nach dem Menschen wachsen ließ, nicht um die laut erstem Schöpfungsbericht am dritten Tage geschaffene Vegetation handele, sondern dass damit Kulturpflanzen gemeint seien, die nicht zur ursprünglichen Schöpfung innerhalb der sechs Tage gehörten. Nun, das ergibt zweifellos Sinn –

nicht für mich, aber anscheinend für andere. Meiner Ansicht nach sollte man, anstatt seine Zeit mit fragwürdigen Glättungsversuchen zu verschwenden, sich lieber an der theologischen Tiefe der Erzählungen erfreuen. Die Erkenntnis von Gut und Böse, durch die sich der Mensch von allen übrigen Geschöpfen abhebt und sich von der Herrschaft Gottes emanzipiert, durch die er aber zugleich des paradiesischen Urzustandes verlustig geht und die schwere Bürde ethischer Verantwortung auf seine Schultern lädt – diese existentzielle Erfahrung wird in der Schöpfungserzählung in sonst nie erreichter Schönheit und Einfachheit beschrieben.

Auch beim Umgang mit den gelegentlichen Ungereimtheiten des Neuen Testamentes sollte man auf ähnliche Weise verfahren. Die Evangelisten waren nicht die Stenographen Jesu, die mit Notizblock hinter ihm herrannten, um seine Predigten und Gleichnisse wortgenau mitzuschreiben. Was wir heute in den Evangelien an Worten Jesu finden, entspringt zum Teil der eigenen Erinnerung der Autoren, zum Teil der Überlieferung, zu der sie Zugang hatten. Dass es dabei zu Unterschieden in ihren Darstellungen kommt, sollte wenig überraschen. Da darüber hinaus keiner von ihnen bei der Geburt Jesu dabei war, kommt es insbesondere in dieser Frage zu großen Unterschieden. Markus verzichtet gänzlich auf eine entsprechende Erzählung, bei Matthäus finden wir die Weisen aus dem Morgenland sowie den Kindermord des Herodes, Lukas berichtet von der Volkszählung des Augustus, und das Evangelium des Johannes beginnt mit einer kosmologischen Betrachtung.

Auch wenn sich die Berichte nicht direkt widersprechen, sondern eher Einzelaspekte berichten (oder eben nicht), ist es dennoch nicht ganz leicht, etwa die Wiedergaben von Matthäus und Lukas in Einklang zu bringen. Wir haben es hier also mit einer ähnlichen Situation zu tun wie bei den unterschiedlichen Schöpfungsberichten des Alten Testaments.

Betrachtet man hingegen beispielsweise die Gleichnisse Jesu, so finden sich bei ihnen nur geringe Unterschiede zwischen den einzelnen Evangelisten, sodass hier nicht von echten Widersprüchen gesprochen werden kann. Große Künstler wie Vincent van Gogh, der sich sein gesamtes Leben lang von Jesu Gleichnis vom Sämann inspirieren ließ, haben sich an solchen Abweichungen bei der Wiedergabe dieser wunderschönen Geschichte jedenfalls wenig gestört. Anstatt also auf den Abweichungen herumzureiten und diese zu Tode zu analysieren, sollten auch wir wieder lernen, die Schönheit der Worte zu genießen.

Bei der dritten Art von Widersprüchen, die immer wieder gegen die Autorität der Bibel ins Feld geführt werden, handelt es sich nur um scheinbare Widersprüche. Sie werden deshalb auch nur von solchen Leuten vorgebracht, die nicht zwischen verschiedenen Arten von Texten unterscheiden können. Nicht alles, was in der Bibel geschrieben steht, gehört in die Kategorie ethischer Anweisungen. Deshalb ist auch ein Satz wie „Das steht aber in der Bibel“ für sich genommen völlig bedeutungslos. Vielfach werden einfach nur Geschehnisse berichtet, die aber nicht unbedingt zur

Nachahmung empfohlen sind. Das gilt insbesondere im Hinblick auf Beziehungen und Sexualität, wie das folgende Beispiel von den Töchtern Lots (Genesis 19,31-36) beweist:

Eines Tages sagte die Ältere zur Jüngeren: Unser Vater wird alt und einen Mann, der mit uns verkehrt, wie es in aller Welt üblich ist, gibt es nicht. Komm, geben wir unserem Vater Wein zu trinken und legen wir uns zu ihm, damit wir von unserem Vater Kinder bekommen. Sie gaben also ihrem Vater am Abend Wein zu trinken; dann kam die Ältere und legte sich zu ihrem Vater. Er merkte nicht, wie sie sich hinlegte und wie sie aufstand. Am anderen Tag sagte die Ältere zur Jüngeren: Ich habe gestern bei meinem Vater gelegen. Geben wir ihm auch heute Abend Wein zu trinken, dann geh und leg du dich zu ihm. So werden wir von unserem Vater Kinder bekommen. Sie gaben ihrem Vater also auch an jenem Abend Wein zu trinken; dann legte sich die Jüngere zu ihm. Er merkte nicht, wie sie sich hinlegte und wie sie aufstand. Beide Töchter Lots wurden von ihrem Vater schwanger.

Es wäre mehr als fatal, aus dieser Begebenheit nun einen Widerspruch zum biblischen Inzestverbot zu konstruieren, ebenso wenig, wie man aus dem Bericht, dass König Salomo 700 Hauptfrauen und 300 Nebenfrauen gehabt habe, einen Gegensatz zum Gebot der Monogamie sehen sollte. Denn wer die Geschichte zu Ende liest, weiß, dass diese Frauen Salomo zum Verhängnis wurden. Auch die Geschichte von Tamar, die sich als Hure verkleidet, um ihren Schwiegervater zu verführen, sollte besser nicht als Aufwertung der Prostitution verstanden werden. Diese Art von vermeintlichen Widersprüchen löst sich also bei genauerem Hinsehen in Luft auf. Aber auch mit den anderen in der Bibel zu findenden Gegensätzen lässt sich, wie wir gesehen haben, auf sinnvollere Weise umgehen, als es der übereifrige Flanders tut.

Neben denjenigen, die krampfhaft versuchen, jeden einzelnen Buchstaben der Schrift haargenau zu befolgen, gibt es in Springfield aber auch Charaktere, die dazu neigen, bestimmte Passagen der Bibel einfach zu ignorieren, wenn sie ihnen nicht in den Kram passen. Ein gutes Beispiel hierfür ist Reverend Lovejoy, der geistliche Leiter der Gemeinde. Als seine Tochter Jessica, die hinter ihrer unschuldigen Fassade eine kleine Teufelin ist, das Geld aus dem Klingelbeutel nimmt, schiebt sie die Schuld für diesen Diebstahl Bart in die Schuhe. Daraufhin darf dieser die Kirche nur noch in einem fahrbaren Gefängnis betreten. Lisa ermahnt Lovejoy daher mit den Worten: „Lehrt uns die Bibel nicht: Richtet nicht, auf dass ihr selbst nicht gerichtet werdet, Reverend?" Dieser reagiert widerwillig: „Das muss wohl ganz hinten, irgendwo am Schluss stehen." Solch eine Reaktion ist charakteristisch für Menschen, die sich mit eindeutigen Aussagen der Schrift konfrontiert sehen, die sie auf ihr eigenes Fehlverhalten hinweisen. Schon Jesus selbst machte die Erfahrung, dass sich die Menschen von ihm abwandten, sobald seine Forderungen zu radikal wurden bzw. er konkrete Ansprüche stellte. Man denke nur an den reichen Jüngling, der vorbildlich alle Gebote zu erfüllen meinte, es aber nicht übers Herz brachte, sich von seinem Reichtum zu trennen.

Im Laufe der Kirchengeschichte hat es immer wieder, auch und gerade von offizieller Seite, den Versuch gegeben, bestimmte Passagen aus der Heiligen Schrift zu streichen, weil diese nicht mit der eigenen theologischen Überzeugung übereinstimmten. Martin Luther hätte am liebsten den gesamten Jakobusbrief aus dem Neuen Testament entfernt, weil er in ihm eine Propagierung der Werkgerechtigkeit sah, die seiner eigenen Betonung der Erlösung aus Glauben zu widersprechen schien. Tatsächlich hat er sich hier aber getäuscht, denn Jakobus widerspricht Luther bzw. Paulus, auf den sich Luther stützte, überhaupt nicht, sondern betont lediglich, dass ein Glaube ohne Liebe tot ist, wozu ihm Luther beigepflichtet hätte.

In der jüngeren Vergangenheit waren es vor allem die Deutschen Christen, eine am Nationalsozialismus orientierte Strömung innerhalb des deutschen Protestantismus, die sich um eine „Reinigung“ der Bibel bemühten. Insbesondere störten sich die Antisemiten natürlich an der Tatsache, dass Jesus ein Jude war. Deshalb erfanden sie eine alternative Geburtsgeschichte, der zufolge Jesus der Sohn des römischen Hauptmanns Pandira gewesen sei – eine Geschichte, die sie ausgerechnet aus dem Talmud übernahmen, in dem sich diese Version bereits fand. Gegen diese nationalsozialistische Vereinnahmung Jesu fand sich 1934 die Barmer Bekenntnissynode zusammen und formulierte in ihrer berühmten Erklärung:

Wir verwerfen die falsche Lehre, als dürfe die Kirche die Gestalt ihrer Botschaft und ihrer Ordnung ihrem Belieben oder dem Wechsel der jeweils herrschenden weltanschaulichen und politischen Überzeugungen überlassen.

Allerdings sind derartige ideologische Verirrungen keineswegs zusammen mit dem Dritten Reich untergegangen. Auch in den aktuellen theologischen Debatten finden wir sie, wenngleich mit völlig anderer Thematik. Heute sind es die feministischen Theologinnen, die nicht glauben wollen, Paulus habe tatsächlich gesagt, dass die Frau in der Gemeinde schweigen solle (1. Korinther 13,33-34), weshalb es sich bei diesem Satz um eine spätere Fälschung handeln müsse – was allerdings durch die historische Forschung nicht belegt werden kann. In der so genannten „Bibel in gerechter Sprache", der größten Verzerrung des Gotteswortes in der Geschichte der Christenheit, wird aus dem Gebot „Du sollst nicht ehebrechen" die Weisung „Verletze keine Lebenspartnerschaft", da man sich offensichtlich nicht mit der biblischen Ablehnung der Homosexualität abfinden kann.

Der dänische Philosoph Sören Kierkegaard bemerkte einmal überaus zutreffend: „Die Bibel ist nicht dazu da, dass wir sie kritisieren, sondern dazu, dass sie uns kritisiert." Anstatt also bestimmte biblische Inhalte, mit denen man sich nicht anfreunden kann, einfach zu streichen oder umzuschreiben, sollte man sich lieber fragen, ob nicht die eigene Einstellung vielleicht falsch sein könnte. Die Botschaft von Barmen ist somit nicht einfach nur ein mutiges Zeugnis einer vergangenen Epoche, sondern eine ständige Mahnung, dass die Verteidigung des unverfälschten Evangeliums zu jeder Zeit Mut erfordert.

Als Pendant zu jenen Christen, die aus Angst vor der Autorität der Bibel ihren Aussagen am liebsten ausweichen, gibt es aber auch solche, die einfach biblische Aussagen erfinden, um ihrer eigenen Position mehr Geltung zu verschaffen. In Springfield ist Homer Simpson der unbestrittene Meister dieser Disziplin. Als Lisa ihn beim Wetten erwischt, was in den USA illegal ist, rechtfertigt sich Homer damit, dass sogar die Bibel sage, dass es okay sei. Auf ihre Nachfrage, wo genau das denn stünde, antwortet er nur: „Im vorletzten Kapitel." Weil Homer den obdachlosen Schulbusfahrer Otto nicht bei sich zu Hause aufnehmen will, kontert er Marges (korrektes) Bibelzitat „Was ihr getan habt einem von diesen meinen geringsten Brüdern, das habt ihr mir getan" mit den Worten: „Ja, aber steht in der Bibel nicht auch: Du sollst keine Penner aufnehmen in deinem Haus?" Der Plan seiner Frau, eine Stelle im Atomkraftwerk anzunehmen, also am selben Ort zu arbeiten wie er selbst, gefällt Homer ebenfalls nicht, weshalb er Marge folgendes „Bibelzitat" vorhält: „Du sollst nicht malochen in deines Ehemannes Firma." Auch der Idee seiner Tochter Lisa, sich einer Eishockeymannschaft anzuschließen, steht Homer ablehnend gegenüber, weshalb er sie darauf hinweist: „Wenn uns die Bibel auch sonst nichts gelehrt hat, und das hat sie nicht, dann, dass Mädchen sich an Mädchensportarten halten sollen."

Glücklicherweise verhält sich Homer beim Erfinden von Bibelzitaten derart plump, dass keinerlei Gefahr besteht, seine Gegenüber könnten tatsächlich darauf hereinfallen. Das ist nicht zuletzt deshalb der Fall, weil jeder die Möglichkeit hat, selbst zu überprüfen, ob diese Dinge tatsächlich in der Bibel stehen oder nicht. Doch dies war keineswegs immer so. Die eigenständige Lektüre der Bibel war einem Großteil der Menschen lange Zeit nicht möglich, was ihrem Missbrauch natürlich Tür und Tor öffnete. Tatsächlich verhinderte die römisch-katholische Kirche des Mittelalters ganz bewusst, dass Laien die Bibel lesen konnten, damit die Praktiken der Kirche nicht als unbiblisch durchschaut werden konnten. Natürlich wurden hierbei nicht einfach Bibelstellen erfunden, wie Homer es tut, wohl aber einige recht weit hergeholte Interpretationen angeboten, beispielsweise in Bezug auf den Ablasshandel. Damals wie heute gilt: Wer die Deutungshoheit über die Bibel hat, hat auch Macht über die Gewissen der Gläubigen. Daher sollte man diese Deutungshoheit niemals einer einzigen Institution überlassen, weder dem Papst noch den Professoren der Theologie.

Wie jede gute Satire liefern auch die Simpsons keine wirklichen Antworten, werfen aber auf humorvolle Weise die richtigen Fragen auf. In Bezug auf die Bibel konfrontieren uns die gelben Bewohner von Springfield mit den vielen menschlichen Schwächen, die den Umgang mit der Heiligen Schrift erschweren können, sei es der undifferenzierte Gehorsam, das Ignorieren wichtiger Botschaften oder das Erfinden von Inhalten. Der irische Schriftsteller Jonathan Swift spottete einmal, die Satire sei wie ein Spiegel, in dem der Betrachter jeden erkenne außer sich selbst. In seiner Bergpredigt fand Jesus ganz ähnliche Worte: „Was siehst du aber den Splitter in deines Bruders Auge und nimmst nicht wahr den Balken in deinem Auge?“ (Matthäus 7,3) Bitten wir den Heiligen Geist darum, dass wir die Fehler bei der Handhabung der Schrift, die für uns alleiniger Maßstab des Glaubens bleibt, nicht nur bei den anderen, sondern auch bei uns selbst finden mögen. Vielleicht können uns die Simpsons dabei eine kleine Hilfe sein.

Kapitel II

DAS PROBLEM DER THEODIZEE

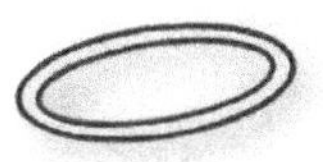

„Außerdem glaube ich, dass Hiob Rechtshänder war.“
Reverend Lovejoy

Als Springfield von einem Hurrikan heimgesucht wird, was der Stadt seit 1978, als das Stadtarchiv auf mysteriöse Weise weggeweht wurde, noch nie passiert ist, verschanzt sich die Familie Simpson in ihrem Keller. Die verängstigte Marge wendet sich an Gott mit der Bitte, ihre Familie vor dem Sturm zu bewahren, und verspricht im Gegenzug, ihre missionarische Tätigkeit auszubauen. Als kurz darauf der Hurrikan tatsächlich abklingt, ruft Homer jubelnd aus: „Er ist darauf reingefallen! Gut gemacht, Marge!" Nachdem die gesamte Familie aus dem Keller herausgetreten ist und sich an dem sonnigen Wetter und ihrem unversehrten Haus erfreut, bekennt Marge zufrieden: „Da sieht man mal wieder, dass sich alles zum Guten wendet, wenn man nur den rechten Glauben hat." Beinahe im selben Moment schwenkt das Bild auf das Haus der Familie Flanders, das vollständig in Trümmern liegt. „Alles ist hin – diddeli-ding", lauten Neds Worte zum Ende des ersten Aktes.

Wie üblich zeigt Homer wenig Mitgefühl für seinen Nachbarn („Ruft an, wenn ihr was braucht"), weshalb die Familie Flanders Zuflucht in der Kirche suchen muss, wo sie mit dem Eingangsschild „Gott heißt seine Opfer willkommen" begrüßt wird. Ned ist allerdings nicht einfach nur erschüttert angesichts seines materiellen Verlustes, er gerät auch in eine handfeste Glaubenskrise, da er einfach nicht verstehen kann, dass ausgerechnet ihm, einem vorbildlichen Christenmenschen, solch ein Unglück widerfährt. In seiner Verzweiflung wendet er sich an Reverend Lovejoy, der, wie sooft, leider keine große theologische Hilfe darstellt. Als Ned sein Schicksal mit dem Hiobs vergleicht, erwidert Lovejoy gewohnt einfühlsam, dass dieser Vergleich hinke, da Hiob Rechtshänder gewesen sei. Woher Lovejoy solch konkrete Informationen über die feinmotorischen Vorlieben alttestamentlicher Charaktere bezieht, bleibt vorläufig unklar. Auf Neds Frage, ob Gott ihn strafen wolle, erwidert der Reverend nur: „Kurze Antwort: „ja" mit einem „wenn", lange Antwort: „nein" mit einem „aber"." Warnhinweis: Diese Antwort sollten Sie insbesondere dann nicht verwenden, wenn Ihre Frau Sie fragt, ob sie in ihrem neuen Kleid dick aussieht!

Das theologische Problem, vor das sich Ned Flanders in dieser Folge gestellt sieht, wird als Theodizee bezeichnet, womit die Rechtfertigung Gottes angesichts des Übels in der Welt gemeint ist. Das Theodizee-Problem beschäftigt religiöse Menschen seit ewigen Zeiten. Es entsteht im Wesentlichen dadurch, dass wir die folgenden drei Überzeugungen über Gott und uns selbst haben: 1. Gott ist allmächtig. 2. Gott ist gütig. 3. Wir können Gottes Wirken erkennen und nachvollziehen. Wenn alle diese Überzeugungen gleichzeitig aufrechterhalten werden, stellt sich früher oder später unweigerlich die Frage: „Wieso verhindert ein allmächtiger und guter Gott das Übel in der Welt nicht?" Daher bestehen sämtliche Lösungsversuche, welche die Theologiegeschichte für das Theodizee-Problem zu bieten hat, stets daraus, dass einer der drei genannten Grundsätze aufgegeben wird.

Die erste Möglichkeit besteht also darin, die Allmacht Gottes zu bestreiten. Was auf den ersten Blick etwas verwunderlich klingen mag, ist eine durchaus verbreitete Vorstellung, derzufolge die Freiheit des Menschen der Allmacht Gottes gegenübersteht. Wenn der Mensch sich frei zwischen Gut und Böse entscheiden kann, dann hat Gott keine Gewalt über ihn, dann ist seine Allmacht gebrochen, und man hat eine Erklärung für das Böse in der Welt. In gewisser Weise wird diese Sicht der Dinge bereits in der biblischen Schöpfungsgeschichte dargestellt. Die Schlange lockt Adam und Eva mit dem Versprechen: „An dem Tage, da ihr davon esst, werden eure Augen aufgetan, und ihr werdet sein wie Gott und wissen, was gut und böse ist." Durch das Essen der Frucht vom Baum der Erkenntnis hat der Mensch die Fähigkeit erworben, zwischen Gut und Böse zu unterscheiden, und entsprechend auch die Freiheit, sich für das Böse zu entscheiden. Damit hat er sich gewissermaßen von Gott emanzipiert.

Die Betonung der Freiheit des Menschen ist die in unserer Zeit womöglich beliebteste Erklärung für das Übel in der Welt. Sie hat es sogar auf die modernen europäischen Bühnen geschafft. In Eric-Emmanuel Schmitts Theaterstück „Der Besucher", für das der Autor im Jahr 1993 mit dem Theaterpreis Molière ausgezeichnet wurde, erhält Sigmund Freud Besuch von einem Fremden, der sich im Laufe des Gesprächs als Gott zu erkennen gibt. Der anregende Dialog zwischen dem überzeugten Atheisten Freud und seinem unerwarteten Besucher ist umrahmt von der Besetzung Wiens durch die Nationalsozialisten, die auch Freuds Tochter Anna in Gewahrsam nehmen. Als Freud seinen Besucher anklagend fragt, warum er dem Terror der Nazis nicht Einhalt gebiete, kommt es zu folgendem Schlagabtausch der beiden:

Der Unbekannte	Ich habe den Menschen frei erschaffen.
Freud	Frei zum Bösen?
Der Unbekannte	Frei zum Guten und zum Bösen, sonst wäre es keine Freiheit.
[...]	
Freud	Los! Schreiten Sie ein! Beenden Sie diesen Albtraum, schnell!
Der Unbekannte	Ich kann nicht! Ich kann nicht!
Freud	Du bist allmächtig!
Der Unbekannte	Falsch! In dem Moment, als ich die Menschen frei machte, habe ich die Allmacht und die Allwissenheit verloren.

Die Freiheit des Menschen für das Übel in der Welt verantwortlich zu machen und somit Gott gleichsam zu entlasten, mag attraktiv wirken, bringt aber gewisse Probleme mit sich. Wenn Gott wusste, dass der Mensch die Freiheit auch zum Bösen verwenden kann, warum hat er ihm die Freiheit dann geschenkt? Schätzt Gott die Freiheit so hoch ein, dass ihm freie Menschen, die Böses tun, lieber sind als solche, die kein Böses kennen? In der Schöpfungsgeschichte wird dieses Problem dadurch umgangen, dass Gott die Erkenntnis, und somit die Freiheit des Menschen, eindeutig zu unterbinden sucht. Natürlich könnte man hier wieder die Frage aufwerfen, warum Gott den Baum der Erkenntnis des Guten und des Bösen überhaupt in den Garten Eden gepflanzt hat.

Aber es gibt noch ein weiteres Problem, denn nicht alles Übel auf der Welt ist auf menschliche Entscheidungen zurückzuführen. Die Zerstörung des Hauses der Familie Flanders durch einen Hurrikan beispielsweise hat nichts mit menschlicher Bosheit zu tun, hierfür liefert die Freiheit des Menschen also keinerlei Erklärung. Aber auch für diesen Fall liegen Argumente bereit. Es ist oft vorgebracht worden, dass Schmerz oder Krankheit Eigenschaften wie Mitgefühl und Hilfsbereitschaft hervorrufen, dass also letztlich durch das Schlechte Gutes entstehen kann. Tatsächlich erleben wir genau diesen Fall ja in besagter Folge, denn die Bewohner von Springfield finden sich sogleich zusammen, um für Ned und seine Familie ein neues Haus zu bauen. Trotzdem hat diese Argumentation einen kaum zu übersehenden Schwachpunkt, denn es muss die Frage erlaubt sein, inwieweit durch die Entstehung dieser positiven Gemütsregungen die Welt wirklich besser wird. Schließlich existieren sie ja, wie bereits beschrieben, lediglich zur Bekämpfung des bestehenden Bösen. Um es auf den konkreten Fall der Familie Flanders zu übertragen: Wäre es nicht besser gewesen, die Flanders hätten ihr Haus gar nicht erst verloren?

Als zweite Variante zur Lösung des Theodizee-Problems hätten wir die Bestreitung der Güte Gottes. Diese Erklärung besticht durch ihre verführerische Einfachheit. Wenn Gott nicht gut ist, dann ist es auch kein Wunder, dass die Welt nicht gut ist. Insbesondere in den Anfängen des Christentums finden wir diese Theorie vertreten, am vehementesten wohl von dem Theologen Marcion, der in der Mitte des zweiten Jahrhunderts in Rom wirkte. Dieser im wahrsten Sinne des Wortes unorthodoxe Denker folgerte aus der Schlechtigkeit der Welt, dass auch ihr Schöpfer schlecht sein müsse, wie es Jesus in seinen Worten vom schlechten Baum und den schlechten Früchten beschrieben habe. Da Marcion aber gleichzeitig von der Güte und Vollkommenheit Christi überzeugt ist, kommt er zu dem Schluss, dass in der Bibel von zwei verschiedenen Gottheiten die Rede ist, vom guten Gott des Neuen Testaments, der sich in Jesus Christus offenbart hat, und vom bösen Gott des Alten Testaments, der für die Schöpfung der Welt verantwortlich ist. Zu Recht hat die Kirche die Gedanken Marcions abgelehnt und ihn als Ketzer gebrandmarkt. Dennoch fanden dualistische Ideen im Laufe der Kirchengeschichte immer wieder neue Anhänger, so etwa innerhalb der mittelalterlichen Bewegung der Katharer, die im Alten Testament ebenfalls den Schöpfergott einer schlechten Welt beschrieben sahen. So bestechend einfach diese Lösung auch sein mag: Die Ablehnung der Güte Gottes kann für uns Christen, die wir daran glauben, dass Gott aus Liebe zu uns seinen einzigen Sohn dahingab, nicht ernsthaft zur Debatte stehen.

Eine etwas abgeschwächte Version dieser dualistischen Theologie findet sich in der Vorstellung vom Teufel, der, wenn auch nicht auf gleicher Höhe, als Gegenspieler Gottes in Erscheinung tritt und für das Böse in der Welt verantwortlich ist. Doch mit dieser Erklärung landen wir wieder bei der Frage nach Gottes Allmacht. Wenn Gott allmächtig ist, wie kann der Teufel dann Einfluss haben? Im berühmten Prolog des Faust, in dem Mephisto um Erlaubnis bittet, den Doktor auf seinem Weg mit hinabzuführen, lässt Gott ihn gewähren mit der Begründung: „Des Menschen Tätigkeit kann allzu leicht erschlaffen/er liebt sich bald die unbedingte Ruh/drum geb ich gern ihm den Gesellen zu/der reizt und wirkt und muss als Teufel schaffen." So wunderschön diese Verse auch sein mögen, der galante und charmante Mephisto, den uns Goethe in seinem Meisterwerk präsentiert, ist wohl kaum eine ernst zu nehmende Erklärung für das Böse in der Welt.

Im Buch Hiob, auf das sich Ned Flanders ja direkt bezieht, wird das Problem der Theodizee schließlich dadurch „gelöst", dass die Fähigkeit des Menschen, über Gottes Wirken urteilen zu können, bestritten wird. Nachdem der gottesfürchtige Hiob allerlei „Hiobsbotschaften" über den Verlust seines Vermögens und seiner Angehörigen ertragen musste, klagt er Gott wegen dieser (aus seiner Sicht) unverdienten Schicksalsschläge an.

Einen Bund schloss ich mit meinen Augen, nie eine Jungfrau lüstern anzusehen. Was wäre sonst mein Teil von Gott dort oben, mein Erbe vom Allmächtigen in der Höhe? Ist nicht Verderben dem Frevler bestimmt und

Missgeschick den Übeltätern? Sieht er denn meine Wege nicht, zählt er nicht alle meine Schritte? Wenn ich in Falschheit einherging, wenn zum Betrug mein Fuß eilte, dann wäge Gott mich auf gerechter Waage, so wird er meine Unschuld anerkennen. Wenn mein Schritt vom Wege wich, mein Herz meinen Augen folgte, an meinen Händen Makel klebte, dann esse ein anderer, was ich säe, entwurzelt werde, was mir sprosst. […] Gäbe es doch einen, der mich hört. Das ist mein Begehr, dass der Allmächtige mir Antwort gibt!

Ein bisschen erinnert diese Brandrede durchaus an den guten Flanders. Aber anders als dieser erhält Hiob tatsächlich seine gewünschte Antwort:

Wer ist es, der den Ratschluss verdunkelt mit Gerede ohne Einsicht? Auf, gürte deine Lenden wie ein Mann: Ich will dich fragen, du belehre mich! Wo warst du, als ich die Erde gegründet? Sag es denn, wenn du Bescheid weißt. […] Willst du wirklich mein Recht zerbrechen, mich schuldig sprechen, damit du Recht behältst? Hast du denn einen Arm wie Gott, dröhnst du wie er mit Donnerstimme? So schmücke dich mit Hoheit und mit Majestät und kleide dich in Prunk und Pracht! Lass die Fluten deines Zornes sich ergießen, schau an jeden Stolzen, demütige ihn! Schau an jeden Stolzen, zwing ihn nieder! Zertritt die Frevler auf der Stelle! Verbirg sie insgesamt im Staub, schließ sie leibhaftig im Erdinnern ein! Dann werde auch ich dich preisen, weil deine Rechte den Sieg dir verschaffte. […] Da antwortete Hiob dem Herrn und sprach: Ich hab erkannt, dass du alles vermagst; kein Vorhaben ist dir verwehrt. Wer ist es, der ohne Einsicht den Rat verdunkelt? So habe ich denn im Unverstand geredet über Dinge, die zu wunderbar für mich und unbegreiflich sind. Hör doch, ich will nun reden, ich will dich fra-

gen, du belehre mich! Vom Hörensagen nur hatte ich von dir vernommen; jetzt aber hat mein Auge dich geschaut. Darum widerrufe ich und atme auf, in Staub und Asche.

Auch der deutsche Universalgelehrte Gottfried Wilhelm Leibniz (1646-1716), der den Begriff „Theodizee" durch sein gleichnamiges Werk (1710) überhaupt erst in die Geistesgeschichte einführte, rät uns, auf die Vorstellung zu verzichten, dass wir Gottes Handeln beurteilen könnten. In seiner Schrift argumentiert Leibniz wie folgt: „Der Gegenstand Gottes hat etwas Unendliches an sich; seine Sorge erstreckt sich auf das ganze Universum: Was wir davon kennen, ist beinah nichts; und da wollen wir seine Weisheit und Güte an unseren Erfahrungen messen? Welche Vermessenheit oder besser, welche Absurdität! Den Einwürfen liegen falsche Voraussetzungen zugrunde; lächerlich ist es, Recht sprechen zu wollen, wenn man den Tatbestand nicht kennt." In gewisser Weise übernimmt Leibniz also exakt die Argumentation aus dem Buch Hiob.

Die Annahme, dass wir das Übel in der Welt nur deshalb nicht mit Gottes Wirken in Einklang bringen können, weil uns sein Wirken vollständig verschlossen und unverständlich bleibt, ist mit Sicherheit eine intellektuell redliche Lösung der Theodizee-Frage, vermutlich die redlichste von allen. Allerdings zieht diese Theorie eine weitere Frage nach sich: Wenn wir Gottes Handeln in der Welt nicht nachvollziehen können, warum treiben wir dann überhaupt Theologie? Müssten wir nicht zugeben, dass all unser

Reden über Gott unnütz ist, da wir ja doch keinerlei Ahnung von seinem Wesen haben?

Albert Schweitzer ist in gewisser Weise diesen Weg gegangen. In einer Predigt aus dem Jahr 1919 stellt er die entscheidende Frage: „Warum ist der Gott, der sich in der Natur offenbart, die Verneinung von allem, was wir als sittlich empfinden, nämlich zugleich sinnvoll Leben aufbauende und sinnlos Leben zerstörende Kraft? Wie bringen wir Gott, die Naturkraft, in eins mit Gott, dem sittlichen Willen, dem Gott der Liebe, wie wir ihn uns vorstellen müssen, wenn wir uns zu höherem Wissen vom Leben, zur Ehrfurcht vor dem Leben, zum Miterleben und Mitleiden erhoben haben?" Doch der habilitierte Theologe, der sich mit 30 Jahren entschied, seine vielversprechende akademische Karriere aufzugeben und als Arzt nach Afrika zu gehen, weiß auf ebendiese Frage keine Antwort zu geben. Daher entschließt er sich für die aus seiner Sicht einzig redliche Folgerung: Er verzichtet vollständig auf jedwede Versuche, Gottes Wirken in der Welt zu verstehen oder zu erklären, und beschließt stattdessen, das Christentum als eine rein ethische Religion zu verstehen und einfach dem Liebesgebot Jesu zu folgen – was er ja dann auch getan hat.

Selbst Karl Barth, der vielleicht bedeutendste Theologe des 20. Jahrhunderts und Intimfeind Schweitzers, stellte gegen Ende seines Lebens die Frage: „Könnte Theologie nicht eine Luxusbeschäftigung, könnten wir mit ihr nicht auf der Flucht vor dem lebendigen Gott begriffen sein? Könnte ein Theologe wie Albert

Schweitzer nicht das bessere Teil erwählt haben und mit ihm die ersten Besten, die da und dort ohne alle theologische Besinnung versucht haben, Wunden zu heilen, Hungrige zu speisen, Durstige zu tränken, elternlosen Kindern eine Heimat zu bereiten?"

Wie man es auch dreht und wendet, eine vollständig befriedigende Antwort auf das Problem der Theodizee wird sich wohl niemals finden lassen, und bei allem Geistesreichtum war von den Simpsons eine solche Antwort nicht ernsthaft zur erwarten. Auch Ned Flanders muss ohne eine konkrete theologische Erklärung für den Verlust seines Hauses auskommen. Ironischerweise verliefen die Ereignisse in einer früheren Staffel der Serie genau anders herum. Als Homer sich eines Tages entschließt, nicht mehr in die Kirche zu gehen und allein zu Hause zu bleiben, geht sein Haus in Flammen auf. Nach seiner Rettung durch Ned Flanders meint Lisa: „Ich bin überzeugt, das war die Rache Gottes." Als das Feuer dann aber auf das Haus der Flanders übergreift, kontert Homer, dass Gott das Haus des frommen Ned auch nicht verschone. Doch just in diesem Moment erscheint eine kleine Regenwolke und löscht die Flammen. Hat Gott also doch den Gottlosen gestraft und den Gottesfürchtigen verschont? Aber warum tut er es dann fünf Jahre später nicht mehr? Man sieht, bei der Theodizee kann einem manchmal richtig schwindelig werden.

Kapitel III

DIE KRAFT DES GEBETS

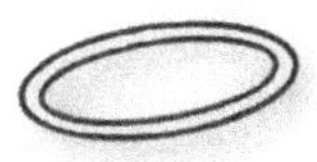

„Ich mache dir ein Angebot: Du lässt einfach alles so, wie es ist, und ich stelle keine Forderungen mehr."

Homer Simpson

Gebetet wird in der Familie Simpson erstaunlich viel. Möglicherweise liegt das daran, dass ihre Gebete oft in der einen oder anderen Weise erhört werden. Als Bart Angst vor einer am nächsten Tag bevorstehenden Geschichtsprüfung hat, bittet er Gott in seiner Verzweiflung um einen weiteren Tag zum Lernen. Wenige Sekunden später fängt es an zu schneien, wodurch am folgenden Tag die Schule tatsächlich ausfällt und Bart sich dem Lernen widmen kann – auch wenn er dazu erst von seiner Schwester ermahnt werden muss. Als Homer Gott um Karten für ein Footballspiel anfleht, kommt im nächsten Moment Ned Flanders vorbei, um ihn zu besagtem Spiel mitzunehmen, was Homer allerdings als eine Verhöhnung von Seiten Gottes empfindet. Flanders selbst wiederum ist der mit Abstand erfolgreichste Beter in Springfield, er scheint über eine direkte Verbindung zu Gott zu verfügen. Ob er um die Rettung seines Sohnes aus einem reißenden Fluss oder um das Umfallen einer Kegel beim Bowling bittet, jedes Mal greift Gott sofort zu seinen Gunsten ein.

Im wirklichen Leben dürften die wenigsten von uns je einen so sichtbaren und unmittelbaren „Erfolg" ihrer Gebete erlebt haben. Der amerikanische Satiriker Ambrose Bierce (1842-1914) spottete gar einmal, ein Gebet sei „die Bitte, dass die Gesetze des Universums zugunsten eines einzigen Antragstellers aufgehoben werden, der nach eigenem Bekenntnis unwürdig ist". Hiermit hat Bierce den entscheidenden Konflikt beschrieben, nämlich jenen zwischen dem Gebet einerseits und unserem modernen Weltbild andererseits. Wir sind es gewohnt, die Abläufe der Welt als vorgegebene Gesetzmäßigkeiten in Form von Ursache und Wirkung zu verstehen. Dieses Kausalitätsprinzip bildet gleichsam die Grundlage jeglicher Naturwissenschaft. Die Macht des Gebets scheint aber ebendieses Prinzip in Frage zu stellen, wie Bierce bissig bemerkt. Umso erstaunlicher ist es, dass es dennoch Versuche gibt, die Wirkung von Gebeten mit wissenschaftlichen Methoden zu ermitteln.

Im Jahr 2006 wurde in den USA ein entsprechendes Experiment durchgeführt. Man wollte die Frage beantworten, ob Fürbittengebete für Kranke einen nachweisbaren Einfluss auf deren Gesundung haben. Zu diesem Zweck bildete man unter Patienten, die sich kürzlich einem Koronararterien-Bypass unterzogen hatten, drei Gruppen. Für Gruppe A wurde gebetet, für Gruppe B wurde nicht gebetet, wobei beide Gruppen darüber im Unklaren gelassen wurden, ob für sie gebetet wurde oder nicht. Die Patienten der Gruppe C erhielten sowohl die Unterstützung im Gebet als auch die entsprechende Information. Das Ergebnis der Studie war eindeutig. Zwischen Gruppe A und B bestand kein nennenswerter Unterschied im Heilungsprozess. Auffallend hingegen war die Tatsache, dass bei den Patienten der Gruppe C vermehrt postoperative Komplikationen auftraten. Das konnte dadurch erklärt werden, dass jene Patienten aufgrund des Wissens um die Gebete unter zusätzlichen Stresssymptomen zu leiden hatten. Dr. Charles Bethea, der an dem Experiment beteiligt war, kommentierte: „Es hat sie vielleicht verunsichert, weil sie sich gefragt haben: Bin ich so krank, dass man Leute zum Beten rufen muss?"

Der missionarische Atheist Richard Dawkins präsentiert in seinem Buch „Der Gotteswahn" ein fiktives Gebet eines beteiligten Patienten: „Was hast du gesagt, Herr? Du kannst mich nicht heilen, weil ich zur Kontrollgruppe gehöre? ... Ach so, verstehe, die Gebete meiner Tante reichen nicht aus. Aber Herr, Mr. Evans im Bett nebenan ... Wie war das, Herr? ... Mr. Evans hat jeden Tag tausend Gebete bekommen? Aber Herr, Mr. Evans kennt keine tausend Menschen ... Ach so, sie kennen ihn nur als John E. Aber Herr, woher wusstest du denn, dass sie nicht John Ellsworthy meinten? ... Ach ja, du bist ja allwissend und wusstest deshalb auch, welcher John E. gemeint war. Aber Herr ..."

Auch wenn Dawkins mit seinem Werk natürlich einem völlig anderen Ansatz folgt, kann man dieser Parodie auch aus theologischer Sicht voll und ganz zustimmen. Das Experiment erinnert in gewisser Weise an die Zeit des Ablasshandels, als den Leuten eingeredet wurde, sie könnten durch entsprechende Geldbeiträge nicht nur sich selbst, sondern auch bereits verstorbene Verwandte aus den Qualen des Fegefeuers befreien. Der verstorbene Vater, dessen Sohn gerade von einem Räuber überfallen wurde und daher mittellos war, musste also weiterhin im Feuer schmoren, während der Räuber mit dem erbeuteten Geld nun seine Mutter erlösen konnte. Ähnlich absurd ist auch die beschriebene Versuchsanordnung. Für den einen Patienten zu beten, für den anderen aber nicht, nur weil zufällig der Würfel so gefallen ist, dürfte wohl kaum als ein angemessener Grund für eine Fürbitte anzuerkennen sein, weshalb ein solches Gebet eine Versuchung, um nicht zu sagen, eine Beleidigung Gottes darstellt.

Dennoch muss bei aller berechtigten Kritik an diesem Experiment eingestanden werden, dass seine „Ergebnisse" wohl den Erfahrungen der meisten Christen entsprechen. Ein nachweisbarer Effekt des Gebets auf die Gesundung eines Menschen lässt sich nicht finden. Ich selbst habe in meiner Gemeinde häufig Fürbittengebete für Kranke erlebt. In einigen Fällen kam es zur Gesundung, dann war der Dank für das Gebet der Gemeinde groß. Kam es nicht zur gewünschten Besserung, kam es vielleicht sogar zum Äußersten, so erhielt die Gemeinde dennoch den Dank für ihre Unterstützung im Gebet. Noch nie habe ich einen Betroffenen sagen hören: „Warum hat mir dieser blöde Gott nicht geholfen?" Stattdessen trösten wir uns in solchen Situationen mit Sätzen wie „Gott hat es anders gelenkt" oder „Wir sollten dankbar sein für die Zeit, die wir miteinander hatten". Aber mal ehrlich, darum hatten wir nicht gebeten, oder? Wir bitten um etwas, bekommen das Gegenteil und sind dann trotzdem dankbar? Als *Advocatus Diaboli* hat man es hier wirklich nicht schwer.

Mittlerweile werden in Deutschland auch immer mehr Heilungsgottesdienste angeboten, bei denen die Menschen Gott in besonderer Weise um sein heilendes Eingreifen für Kranke bitten. Obwohl es nach Aussagen der Beteiligten immer wieder zu tatsächlichen Heilungen im Laufe des Gottesdienstes kommt, sollte hier größte Vorsicht geboten sein. Besonders tragisch können derartige Gottesdienste für diejenigen sein, die dort keine Heilung erfahren. Die Verzweiflung, die diese Menschen aufgrund ihrer Krankheit womöglich ohnehin schon plagt, kann hier noch weiter verstärkt werden, wenn ihnen suggeriert wird, dass sie am Fortbestand dieser Krankheit mitschuldig sind, weil sie nicht stark genug geglaubt oder gebetet haben. Natürlich weisen die Veranstalter solcher Heilungsgottesdienste derartige Vorwürfe zurück und betonen mit Nachdruck, dass es für eine Heilung keinerlei Garantie gäbe, da man letztlich keinerlei Gewalt über die göttlichen Heilkräfte habe. Hier aber beißt sich die Katze in den Schwanz. In der Tat ist es von entscheidender Wichtigkeit, dass die Unverfügbarkeit der göttlichen Gnade betont und bewahrt bleibt. Genau aus diesem Grund aber sind werbewirksame Ankündigungen von Heilungen, die im Rahmen eines Gottesdienstes zu einer bestimmten Zeit an einem bestimmten Ort geschehen sollen, so fragwürdig, weil sie eine entsprechende Verfügbarkeit vorgaukeln.

Den Umstand, dass Gott für gewöhnlich nicht mit unmittelbar sichtbaren Zeichen auf die Gebete der Menschen reagiert, macht sich Homer in einer Folge geschickt zunutze. Genauer gesagt handelt es sich um einen Rückblick in frühere Zeiten, bevor Maggy geboren wurde. Homer hat seinen Job beim Atomkraftwerk an den Nagel gehängt und darf endlich seinem wirklichen Traumberuf nachgehen – im Springfield Bowlarama! Während Homer im siebten Himmel schwebt, erfährt Marge von einer erneuten Schwangerschaft. Sie zögert jedoch, ihrem Mann davon zu erzählen, wohlwissend, dass sein neuer Job nicht genug Geld abwirft, um mit dieser veränderten Familiensituation zurechtzukommen. Marges Bedenken steigern sich noch, als sie Homer eines Abends beten hört: „Lieber Gott, die Götter waren gut zu mir, und ich bin dankbar. Zum ersten Mal in meinem Leben ist alles, aber auch alles, absolut perfekt, einfach so, wie es ist. Ich mache dir ein Angebot: Du lässt einfach alles so, wie es ist, und ich stelle keine Forderungen mehr. Wenn du damit einverstanden bist, gib mir bitte überhaupt kein Zeichen. Gut, abgemacht!"

Leider muss Homer aber die Erfahrung machen, dass die von ihm erbetene Abmachung, trotz der „Bestätigung" durch das nicht erfolgte Zeichen, von Gott nicht eingehalten wurde. Dabei stellt sich natürlich eine Grundsatzfrage für alle Gebete: Haben wir ein Recht darauf, dass Gott unsere Gebete erhört? Und wenn ja, was passiert dann, wenn verschiedene Menschen gegensätzliche Bitten an ihn richten? Auch diese Situation erleben wir – zumindest scheinbar – bei den Simpsons, als sich Bart und Todd Flanders ein spannendes Duell auf dem Minigolfplatz liefern. Als Homer seinen Nachbarn vor dem Spiel gemeinsam mit dessen Familie beim Gebet sieht, ruft er höhnisch: „Hey, Flanders, beten nützt nichts mehr, ich habe schon vor Ihnen gebetet, und wir können nicht beide gewinnen." Flanders erwidert empört: „Wir haben, mein lieber Simpson, darum gebetet, dass niemand verletzt wird." Aber was wäre gewesen, wenn beide für den Sieg gebetet hätten? Vor Fußballspielen sehen wir oft Spieler gegnerischer Mannschaft beten und/oder sich bekreuzigen. Die Spieler bitten ganz offenbar um Unterstützung im bevorstehenden Spiel. Aber hat Gott eine Lieblingsmannschaft?

Wenn wir in Bezug auf das Beten unsicher sind, müssen wir uns nicht schlecht fühlen. Den Jüngern Jesu ging es da keineswegs besser. „Herr, sag uns doch, wie wir richtig beten sollen", lautet eine ihrer Bitten. Die diesbezüglichen „Tipps" ihres Herrn dürften sie aber durchaus verwundert haben: „Und wenn ihr betet, sollt ihr nicht viel plappern wie die Heiden; denn sie meinen, sie werden erhört, wenn sie viele Worte machen. Darum sollt ihr ihnen nicht gleichen. Denn euer Vater weiß, was ihr bedürft, bevor ihr ihn bittet." (Matthäus 6,7-8) Das klingt ja fast so, als könne man sich das Beten gleich ganz sparen, oder? Nun, das ist vielleicht nicht gerade gemeint, aber Jesus möchte darauf hinweisen, dass Beten keine Informationsveranstaltung ist. Es ist nicht nötig, Gott in aller Ausführlichkeit über unsere Sorgen und Wünsche zu informieren, da er sie tatsächlich bereits kennt. Das weiß übrigens auch Homer, der während eines Tischgebets, bei dem er über die traurige Situation seiner Familie klagt, plötzlich abbricht und ausruft: „Du hast ja gesehen, was los war!" Ähnlich verhält es sich übrigens bei der Beichte. Gott kennt unsere Sünden, bevor wir sie ihm bekennen. Auch hier geht es also nicht um Informationsaustausch, vielmehr stehen das Aussprechen und die vorangegangene Gewissenserforschung im Vordergrund.

Die wichtigste Antwort Jesu auf die Frage seiner Jünger nach dem richtigen Beten ist und bleibt natürlich das Vaterunser:

Vater unser im Himmel
Geheiligt werde dein Name.
Dein Reich komme.
Dein Wille geschehe,
wie im Himmel, so auf Erden.
Unser tägliches Brot gib uns heute.
Und vergib uns unsere Schuld,
wie auch wir vergeben unsern Schuldigern.
Und führe uns nicht in Versuchung,
sondern erlöse uns von dem Bösen.
Denn dein ist das Reich
und die Kraft und die Herrlichkeit
in Ewigkeit. Amen.

Wir haben diese Worte so oft gesprochen, aber meinen wir das auch alles so, wie wir es sagen? Viele der hier genannten Bitten erscheinen doch eher merkwürdig, wie zum Beispiel die Bitte darum, dass Gottes Wille geschehen möge. Braucht Gott dazu denn unsere Unterstützung? Beim näheren Hinsehen finden wir aber den wichtigen Zusatz „wie im Himmel, so auf Erden“. Gott hat also keinerlei Probleme, seinen Willen im Himmel durchzusetzen, wohl aber auf Erden, und das scheint tatsächlich an uns zu liegen, die wir ständig entgegen seinem Willen handeln. Selbstbestimmung gilt als wichtigstes Ziel unserer Zeit, Unterwerfung unter den Willen eines anderen als Horrorvorstellung. Des Menschen Wille ist sein Himmelreich, sagt der Volksmund, und Jesus meint im Grunde nichts anderes, wenn er sagt: „Denn wo euer Schatz ist, das ist auch euer Herz." Der Mensch muss sich entscheiden, ob er seinen eigenen Willen zum Himmelreich erklärt oder ob er nach dem echten Himmelreich strebt, in dem nur Gottes Wille gilt. Die Bitte, dass Gottes Wille geschehen möge, ist also vielleicht weniger eine Aufforderung an Gott, seinen Willen durchzusetzen, als eine Ermahnung an uns selbst, sich seinem Willen zu fügen. Jesus selbst hat diese Einstellung vorbildlich gelebt, als er im Garten Gethsemane mit zum Tode betrübter Seele Gott bat, diesen Kelch an ihm vorüberziehen zu lassen, sein Gebet aber mit den Worten beendete: „Doch nicht mein, sondern dein Wille geschehe." Vermutlich wäre er auch ohne diese Bitte verhaftet und verurteilt worden, aber er hätte sich nicht derart ruhig in sein Schicksal fügen können.

Das Leben und Sterben Jesu waren durchdrungen von der Ergebenheit in den Willen des Vaters. Homer geht das Ganze natürlich sehr viel pragmatischer an. In der bereits erwähnten Szene, in der er Gott für sein perfektes Leben dankt und ihn bittet, alles so zu lassen, wie es ist, beendet er sein Gebet mit den Worten: „Um mich erkenntlich zu zeigen, möchte ich dir Plätzchen und Milch anbieten. Wenn du möchtest, dass ich sie für dich esse, gib mir kein Zeichen. Dein Wille geschehe." In genialer Weise parodiert Homer hier das zuvor Gesagte. Anstatt seinen eigenen Willen dem Willen Gottes anzugleichen, macht er es genau andersherum. Natürlich wollte er von Anfang an die Plätzchen und die Milch selbst essen, vertraut aber auf das nicht stattfindende Zeichen und kann somit seinen eigenen Willen als den Willen Gottes interpretieren.

Einen ebenfalls entscheidenden Zusatz im Vaterunser finden wir bei der Bitte um Vergebung, die gefolgt wird von „wie auch wir vergeben unsern Schuldigern“. Dieser Halbsatz enthält ja überhaupt keine Bitte, wieso ist er dann trotzdem Teil dieses Gebets? Ganz einfach: Auch in dieser Formulierung steckt eine Ermahnung an uns selbst. Wir werden daran erinnert, dass wir zur Vergebung bereit sein müssen, wenn wir selbst Vergebung erfahren wollen. Wer richtet, der wird selbst gerichtet werden, wer vergibt, dem wird vergeben werden. An diese Lehren Jesu werden wir auch im Vaterunser erinnert. Somit dient das Gebet auch der eigenen Gewissenserforschung. Wir können Gott nur dann glaubhaft um Vergebung bitten, wenn wir auch unserem Nächsten vergeben können.

Vielleicht sind es diese Dinge, das Angleichen an den Willen Gottes und die Erforschung des eigenen Gewissens, die der Apostel Paulus im Sinn hatte, als er der Gemeinde von Thessaloniki den Rat mit auf den Weg gab: „Betet ohne Unterlass.“ Er dürfte wohl kaum gewollt haben, dass alle Mitglieder der Gemeinde den ganzen Tag auf Knien und mit gefalteten Händen verbringen. Paulus möchte, dass das Gebet ein Teil unserer selbst wird. Das Gebet ist dann weniger eine gelegentliche Handlung, sondern eine Lebenseinstellung, weniger etwas, das wir tun, sondern vielmehr etwas, das wir sind. Auf diese Weise erreichen wir ein Beten des ganzen Menschen, ein Gebet, bei dem die Worte des Gebets vollständig übereinstimmen mit der Person des Betenden. Jesus Christus ist das fleischgewordene Wort Gottes, er war fleischgewordenes Gebet. Sein ganzes Leben war ein Hymnus, ein Opfer. Die Bitten des Vaterunsers, die er seine Jünger gelehrt hat, sind sämtlich in seinem Leben verwirklicht. Durch ihn ist das Reich Gottes herbeigekommen, er hat den Willen des Vaters gelebt, er hat selbst denen vergeben, die ihn ans Kreuz schlugen. Wenn wir ihm nachfolgen, dann kann auch unser Leben zu einem Gebet werden.

Das Leben und Beten der Simpsons haben freilich wenig von diesem heiligen Charakter. Zuweilen sind ihre Gebete sogar alles andere als christlich. Als Homer einmal in einem Kahn auf einem Fluss feststeckt und zu ertrinken droht, faltet er die Hände und ruft: „Ich bete normalerweise nie, aber wenn es Dich wirklich da oben gibt, bitte rette mich, Superman!" Als Lisa sich vor einem lodernden Vulkan versteckt, bekennt sie gegenüber einer Freundin von Marge: „Ich bete zu Buddha, Jesus, SpongeBob, ich habe keine Zeit, wählerisch zu sein." Hier bestätigt sich wieder einmal die Redewendung „Not lehrt beten", doch hat ebendieses Beten, so verständlich es auch sein mag, wenig mit der grundlegenden Qualität des christlichen Gebets zu tun. Schon gar nicht, wenn man zu Superman oder SpongeBob betet!

Ein gutes Beispiel, wie ein Gebet aus der Not heraus allerdings doch zu einer guten Entwicklung führen kann, ist das ganz zu Beginn angesprochene Gebet, das Bart vor seiner Prüfung spricht. Wer die Folge kennt, wird sich erinnern, dass Bart, nachdem durch den starken Schneefall die Schule ausgefallen war, sich zunächst mit einem Schlitten in das Getümmel stürzen wollte. Erst die mahnenden Worte seiner Schwester, die sein Gebet am Vorabend belauscht hatte, bringen ihn dazu, sich wieder an seinen Schreibtisch zu setzen. Die Frage, ob es auch ohne Barts Gebet angefangen hätte zu schneien, lässt sich nicht beantworten. Aber eines ist sicher: Erst durch sein Gebet ist er in der Lage, den plötzlichen Schneefall in einer Weise zu deuten, die ihm dabei hilft, sein Leben in die richtigen Bahnen zu lenken. Vielleicht hat sein Gebet nicht die Wirklichkeit verändert, mit Sicherheit aber seine Einstellung zu dieser neuen Wirklichkeit.

Kommen wir zum Abschluss noch einmal auf Lisas Gebet zu SpongeBob, Buddha und Jesus zurück. Vielleicht ist einigen Zuschauern die Szene gar nicht bekannt, da sie zum einen erst in einer recht späten Staffel (16) vorkommt und zum anderen erst im Abspann während der Credits gezeigt wird. Im Anschluss an Lisas Gebet sehen wir die drei Genannten vor der Himmelstür stehen. Während Buddha so nett ist und meint: „Vielleicht sollten wir ihr helfen", ruft SpongeBob einfach nur: „Scheiß" drauf!" Trotz der ohne Frage unorthodoxen Szenerie erinnerten mich die drei Charaktere irgendwie an die Heilige Dreieinigkeit – ich weiß, es klingt vielleicht etwas weit hergeholt, aber das ist bei mir als Theologe berufsbedingt. Tatsächlich ist die trinitarische Theologie nämlich keineswegs unbedeutend für die Praxis des Gebets. Der amerikanische Theologe Peter Kreeft drückte es einmal so aus: „Der Heilige Geist ist der Treibstoff, der Sohn ist das Auto, und der Vater ist das Zuhause, zu dem wir unterwegs sind" – ich sag's ja, berufsbedingt! Man mag diesen Vergleich für unangemessen halten, aber in ihm steckt viel Wahrheit. Die christliche Gebetspraxis unterscheidet sich grundlegend von der anderer Religionen, auch von den anderen monotheistischen Religionen. Jesus lehrt: „Ich bin der Weg, niemand kommt zum Vater denn durch mich."

Diese Aussage gilt auch für das Gebet. Jesus ist unser Weg zum Vater. Der Heilige Geist ist der Beweggrund, die Energie, die uns Kraft zum Beten gibt. Diese Unterstützung sollte man keinesfalls geringschätzen, denn sie bedeutet, dass Gott selbst uns bei unserem Gebet unterstützt. Mit dem Heiligen Geist als Antrieb und Jesus als offener Tür gelangt unser Gebet also letztlich an seinen Bestimmungsort, zum Vater, der es erhört – oder eben auch nicht.

Kapitel IV

CHRISTLICHE ETHIK

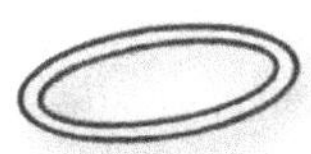

„Marge, so ziemlich alles ist eine Sünde."
Reverend Lovejoy

Zu den vielen verrückten Ideen, die Homer sich im Laufe der Serie in den Kopf setzt, gehört sein Wunsch, Lehrer an der Volkshochschule zu werden. Da er jedoch über keinerlei besondere Fertigkeiten verfügt, bleibt für ihn nur der Kurs „Geheimnisse einer erfolgreichen Ehe“, den offenbar jeder unterrichten darf, solange er nur verheiratet ist. Leider hat Homer den Sinn dieses Kurs jedoch völlig missverstanden, denn anstatt seine Schüler über das Geheimnis aufzuklären, wie man eine gute Ehe führt, erzählt er ihnen einfach nur intime Geheimnisse aus seinem eigenen Eheleben. Als Marge dahinterkommt, was Homer alles über sie in der Öffentlichkeit preisgibt, setzt sie ihn kurzerhand vor die Tür, und Homer kann das Familienleben fortan nur noch vom Baumhaus aus beobachten. Schon am darauffolgenden Tag bemerkt er allerdings voller Freude, dass Reverend Lovejoy zu Marge zu Besuch kommt. Nun schöpft er wieder Hoffnung: „Reverend Lovejoy! Der wird Marge dazu bewegen, mich wieder aufzunehmen. Er muss auf der Heiligkeit der Ehe beharren, sonst wird sein Gott ihn bestrafen.“ Doch Homer irrt sich, denn nur wenige Augenblicke später gibt Lovejoy Marge den Rat, sich scheiden zu lassen. Auf ihre Frage, ob das nicht eine Sünde sei, reagiert der Reverend wie folgt: „Marge, so ziemlich alles ist eine Sünde (hält eine Bibel hoch). Haben Sie jemals diesen Wälzer ganz gelesen? Eigentlich dürften wir nicht mal auf die Toilette gehen.“

In seiner charakteristischen Abgeklärtheit hat Lovejoy hier ein Gefühl beschrieben, das viele Menschen in Bezug auf das Christentum haben. Sie halten die Bibel für einen riesigen Gesetzeskodex, dem sich der Gläubige zu unterwerfen hat. Dabei besteht bei näherem Hinsehen tatsächlich nur ein eher kleiner Teil der Bibel aus Gesetzen und Regeln, aber der hat es zugegebenermaßen in sich! Insbesondere bei den Gesetzestexten des Alten Testaments kann einem schon mal schwindelig werden, wenn selbst noch das korrekte Reinigen des eigenen Hauses von Schimmelbefall als Gebot aus dem Mund Gottes ergeht, der zu jener Zeit vermutlich noch nichts von Sagrotan gehört hatte. Wie wir jedoch bereits im ersten Kapitel gesehen haben, ist die Gültigkeit vieler alttestamentlicher Vorschriften durch Christus selbst aufgehoben worden. Durch ihn kommt es zu einer wahren Revolution in Fragen der Ethik:

Und einer von ihnen, ein Schriftgelehrter, versuchte ihn und fragte: Meister, welches ist das höchste Gebot im Gesetz? Jesus aber antwortete ihm: Du sollst den Herrn, deinen Gott, lieben von ganzem Herzen, von ganzer Seele und von ganzem Gemüt. Dies ist das höchste und größte Gebot. Das andere aber ist dem gleich: Du sollst deinen Nächsten lieben wie dich selbst. In diesen beiden Geboten hängt das ganze Gesetz und die Propheten.

Diese Worte Jesu bilden vielleicht seine größte gedankliche Leistung. Das ganze Gesetz und die Propheten, also das, was wir heute das Alte Testament nennen, alle diese Texte mit ihren unzähligen Regeln und Vorschriften in zwei Geboten zusammenzufassen, das will gekonnt sein! Aber Jesus macht nicht nur deutlich, dass sich letztlich alle Gebote in diesen beiden wiederfinden, sondern dass diese beiden Gebote im Grunde zwei Seiten derselben Medaille sind. In der Liebe zu Gott findet sich die Liebe zum Menschen und umgekehrt.

Leider wird dieser Aspekt der Worte Jesu heutzutage allzu oft vernachlässigt. Stattdessen pflegt man schlicht von christlicher Nächstenliebe zu sprechen, um im Anschluss darauf hinzuweisen, dass alle Religionen das Gebot der Nächstenliebe kennen. Besonders traurig ist es, wenn die Weisheit Jesu zu dem Motto „Was du nicht willst, was man dir tu", das füg" auch keinem andern zu" erniedrigt wird. Denn diese Aussage ist eine reine Negativvorschrift, sie fordert ausschließlich zum Unterlassen bestimmter Handlungen auf. Nach dem gleichen Prinzip ist beispielsweise unser Strafgesetzbuch aufgebaut. Es enthält keinerlei Handlungsanweisungen für ein gutes Leben, sondern ausschließlich Tatbestände (Mord, Diebstahl, Körperverletzung etc.), die es zu unterlassen gilt. Das ist auch völlig in Ordnung, niemand erwartet mehr von unserem Strafrecht. Aber gleichzeitig wird sich wohl kaum jemand schon allein deshalb geliebt fühlen, weil ein anderer ihn nicht verprügelt oder bestiehlt.

Die Liebe, von der das Evangelium spricht, geht weit über das Vermeiden böswilliger Handlungen hinaus, sie meint den direkten Dienst am Nächsten. „Was ihr getan habt einem von diesen meinen geringsten Brüdern, das habt ihr mir getan", lautet der

Aufruf Jesu. „Wir lieben, weil er uns zuerst geliebt hat", lautet die prägnante Antwort des Neuen Testaments auf die offenbarte Gnade Gottes. Die Liebe der Christen untereinander soll die Liebe Gottes widerspiegeln, jene Liebe, die so groß war, dass er seinen einzigen Sohn für uns hingab. Diese unmittelbare Verbindung von Gottesliebe und Menschenliebe ist eine genuin christliche Vorstellung, die anderen Religionen völlig unbekannt ist. Die Inkarnation ist keine bloße Lehrformel der Dogmatik, erst durch sie wird christliche Ethik überhaupt möglich.

Entgegen der Aussage von Reverend Lovejoy lehrt das Christentum, insbesondere im Vergleich mit dem Judentum oder dem Islam, gerade kein starres Festhalten an konkreten Regeln, sondern eine im wahrsten Sinne des Wortes wunderbare Freiheit. Dieser Umstand ist auch Muslimen bekannt, weshalb sich in einer deutschen Broschüre, die Muslimen Ratschläge für die Mission vermittelt, folgender Hinweis findet: „Als Muslime werden wir bei der Dawa [der Bekehrung zum Islam] schnell feststellen, dass ein Christ ein völlig anderes Verhältnis zu seiner Religion hat als ein Muslim. Während der Islam eine handfeste Sache ist, die man kennen muss, um sie in der täglichen Praxis als Muslim auch leben zu können, ist für den Christen seine Religion mehr eine Art Motivation, aus der heraus er sein normales tägliches Leben lebt. Die christliche Lehre ist in erster Linie ein (an einer Person orientiertes) Für-wahr-Halten von etwas, dem zwar die Tat, jedoch eben nicht die spezielle Tat folgen muss."

Vielleicht braucht es manchmal den Blick von außen, denn präziser als in dieser muslimischen Handreichung habe ich den Kern christlichen Lebens noch nie beschrieben gesehen. Der christliche Glaube meint den Glauben an die Person Jesu Christi, an sein Leben und Sterben. Dieser Glaube darf niemals passiv bleiben. Ohne die Liebe wäre der Glaube tot, denn der Glaube an Christus meint zugleich das Nacheifern Christi. Deshalb habe ich auch übrigens nie verstanden, was mit einem „praktizierenden Christen" gemeint sein soll. Vielleicht kennen auch Sie solche Anfragen. Ich werde des Öfteren gefragt, ob ich praktizierender Christ sei. Ich weiß dann aber nie, was ich antworten soll. Ich frage mich dann immer, wie wohl das Leben eines nicht-praktizierenden Christen aussieht. Gibt es denn auch nicht-praktizierende Vegetarier? Das wäre dann also ein Vegetarier, der Fleisch isst, oder wie? Ein Christ ist jemand, der sich zu Christus bekennt, der an ihn und sein Opfer glaubt und in seiner Liebe tätig ist. Ein praktizierender Christ ist also eine genauso überflüssige Wortkombination wie ein weißer Schimmel.

Aber, und da hat die muslimische Broschüre absolut recht, eine konkrete Liste von Handlungsanweisungen, wie sie etwa der Islam kennt, bleibt aus. Statt strenger Verbote setzt das Christentum eher auf angemessenen Gebrauch. So ist Alkohol beispielsweise, anders als im Islam, den Christen nicht verboten. Das weiß übrigens auch Reverend Lovejoy, der, als er Homer einmal aus den Fängen einer antialkoholischen Sekte zur Kirche zurückführen möchte, diesen mit den Worten lockt: „Unsere Gebote bestätigen, dass Bier nichts Böses ist." Dass Lovejoy trotz dieser (richtigen) Aussage auch die Anonymen Alkoholiker in Springfield betreut, ist kein Widerspruch, sondern nur folgerichtig. Denn während Alkohol an sich tatsächlich nichts Böses ist, kann sein unangemessener Konsum durchaus schlimme Folgen haben. „Alles ist mir erlaubt, aber nicht alles dient zum Guten", bringt der Apostel Paulus die Quintessenz christlicher Ethik auf den Punkt. Der heilige Augustinus drückte es wie folgt aus: „Liebe, und tue, was du willst."

Doch so sehr wir Christen uns über das Geschenk der Freiheit freuen dürfen, so wenig sollten wir vergessen, dass Freiheit auch eine Bürde sein kann. Schon Moses, der große Freiheitskämpfer des Alten Testaments, musste feststellen, dass die Menschen nur allzu leicht bereit sind, ihre Freiheit gegen Sicherheit und Geborgenheit einzutauschen. Kaum hatte er seine Landsleute aus der Knechtschaft der Ägypter befreit, schon begannen diese zu murren, in Ägypten hätte man zwar in Unfreiheit, aber dafür in materieller Sicherheit gelebt.

Dieser Zwiespalt zwischen herausfordernder Freiheit einerseits und bequemer Unfreiheit andererseits wurde von Fjodor Dostojewski (1821-1881) in einer unsterblichen Erzählung verewigt, der Legende vom Großinquisitor, die sich in seinem wohl bedeutendsten Roman *Die Brüder Karamasow* findet. Iwan Karamasow erzählt seinem Bruder Aljoscha darin folgende Geschichte: Jesus erscheint wieder auf der Erde, und zwar im Spanien des 16. Jahrhunderts, wo ihn der Großinquisitor kurz nach seiner Ankunft gefangen nehmen lässt. Jesus selbst spricht in der gesamten Erzählung kein Wort, stattdessen beginnt ein Monolog des Großinquisitors, in dem dieser Jesus vorwirft, dass er die Herrschaft über die Menschen abgelehnt habe. Er habe sich geweigert, die Menschen dazu zu bringen, ihm wie eine Herde nachzulaufen, obwohl er die Möglichkeit dazu gehabt hätte. Stattdessen habe er auf die Freiheit des Menschen gesetzt, habe gewollt, dass er ihm aus eigenem Antrieb nachfolgt. Damit habe er die Menschheit jedoch restlos überfordert und es nur einer kleinen Elite erlaubt, in seine Nachfolge zu treten. Die Kirche hingegen, die der Großinquisitor repräsentiert, habe den Menschen das gegeben, wonach sie sich eigentlich sehnen: Klare Führung und klare Regeln!

Vielleicht hat der Großinquisitor mit dieser Haltung sogar recht. Aber wir haben im Laufe des 20. Jahrhunderts auch erlebt, wohin der Wunsch nach totalitärer Kontrolle der Gesellschaft führen kann. Christus jedenfalls wollte den Willen der Menschen verwandeln, zur Umkehr anregen. Dass ihm das niemals zu 100 Prozent gelingen würde, wusste er wohl nur allzu gut. Aber er zog diesen Weg der totalen Herrschaft vor – weil er an uns geglaubt hat. Außerdem hat die Kirche immer gut daran getan, sich nicht zu eng mit dem Staat zu verbinden. Insbesondere im Kampf gegen die Vereinnahmung der Kirche durch die Nationalsozialisten pochte die Bekennende Kirche auf den Satz des Petrus aus Apostelgeschichte 5,29: „Man muss Gott mehr gehorchen als den Menschen."

Reverend Lovejoy hat freilich auch hier eine gänzlich andere Auffassung. Als in der Springfielder Gemeindeversammlung über die Legalisierung des Glücksspiels diskutiert wird, meint der Reverend bloß gelassen: „Sobald etwas staatlich anerkannt ist, ist es nicht mehr unmoralisch." So albern dieser Satz auch klingen mag, so wenig weit ist er von der Einstellung vieler Kirchenfunktionäre entfernt. Besonders auffällig ist dies in der aktuellen Orientierungshilfe der EKD „Zwischen Autonomie und Angewiesenheit. Familie als verlässliche Gemeinschaft stärken". Unabhängig davon, ob man den theologischen Ergebnissen dieser Schrift zustimmt oder nicht, sollte es jeden Christen misstrauisch stimmen, dass sich die ersten drei Kapitel ausschließlich mit der sozialen und juristischen Wirklichkeit des deutschen Familienlebens befassen, worauf dann erst die theologische Orientierung folgt. Der Eindruck, dass hier weniger vom Wort Gottes her gedacht wird, sondern man sich mehr an der normativen Kraft des Faktischen orientiert, drängt sich ungewollt auf. Hier gilt immer noch der alte Rat von John Wesley (1703-1791), dem Begründer der methodistischen Kirche: „Auch lässt sich ein Christ durch weltliche Sitten und Bräuche in keiner Weise davon abhalten, in dem Wettkampf zu laufen, der ihm aufgetragen ist. Er weiß, dass ein Laster seine Verwerflichkeit nicht verliert, wenn es in Mode kommt, und er vergisst nicht, dass jeder von uns für sich selbst Gott Rechenschaft geben muss."

Kommen wir aber noch ein letztes Mal auf Reverend Lovejoy und sein einleitendes Zitat zurück. Wollte man für einen Moment von Lovejoys immer wieder zur Schau gestellten theologischen Inkompetenz absehen, könnte man in seinen Worten auch eine richtige Aussage erkennen, nämlich die von der Allgegenwart der Sünde. An dieser Stelle pflegt der moderne Leser für gewöhnlich das Buch zur Seite zu legen. Der Begriff Sünde ist schon schlimm genug, aber dann noch ihre Allgegenwart! Und doch: Wir müssen auf diesem Begriff bestehen, wenn wir Christen sein und bleiben wollen.

Der dänische Philosoph und Theologe Sören Kierkegaard drückte es wie folgt aus: „Gerade der Begriff, durch den das Christentum sich am entscheidendsten qualitativ vom Heidentum unterscheidet, ist: die Sünde, die Lehre von der Sünde; und deshalb nimmt das Christentum auch ganz konsequent an, dass weder das Heidentum noch der natürlich Mensch weiß, was Sünde ist, ja, es nimmt an, dass es einer Offenbarung von Gott bedarf, um offenbar zu machen, was Sünde ist."

Wenn wir heute überhaupt noch von „Sünde" sprechen, dann erstens eher ironisch und zweitens fast ausschließlich in Bezug auf sexuelle Dinge. Der eine oder andere wird sich noch an die Erotiksendung „Liebe Sünde" erinnern, viele haben von der „sündigen Meile" in Hamburg gehört usw. usw. Dass der Begriff „Sünde" derart sexuell aufgeladen ist, liegt nicht zuletzt daran, dass sich die Kirche in ihrer Geschichte immer wieder stark auf die Sexualität fixiert und dabei übersehen hat, dass nach biblischem Verständnis nicht die Sexualität an sich, sondern nur ihr Missbrauch – etwa in

Form von Ehebruch – als sündhaft betrachtet wird. Beispielhaft kann man diese Fehlentwicklung an Ned Flanders beobachten, der sich einmal voller Verzweiflung an Reverend Lovejoy wendet mit den Worten: „Ich glaube, ich begehre meine eigene Frau." Die eigentliche Bedeutung des Begriffs „Sünde" geht dabei weit über intime Bettgeschichten hinaus.

Das deutsche Wort Sünde leitet sich (vermutlich) von dem Wort Sund ab, womit eine Meerenge bezeichnet wird. Auch wenn dieser Begriff den meisten Menschen heute nicht mehr geläufig ist, hat er sich dennoch in Städtenamen wie beispielsweise Stralsund erhalten. Das Wort Sund entstammt wiederum dem (altgermanischen) Verb sundr, was so viel wie „trennen" bedeutet und noch in unserem Wort „sondern" zu finden ist. Ein Sund ist also wörtlich eine Landtrennung. Wie kommt man aber von einem nautischen Fachbegriff zu einer theologischen Kategorie? Ganz einfach! Sünde ist das, was uns von Gott trennt, was zum Bruch mit Gott führt. Besonders anschaulich wird diese Bedeutung an der ersten Sünde der Menschheit, dem Essen vom Baum der Erkenntnis. Dieses Auflehnen gegen den Willen Gottes führte zu einer echten, zu einer räumlichen Trennung zwischen Gott und Mensch, zur Vertreibung aus dem Paradies. Sünde bezeichnet zum einen eine konkrete Handlung, die gegen den Willen Gottes verstößt. Zum andern meint Sünde aber auch den Zustand der Trennung von Gott, in dem wir uns befinden und der letztlich die Ursache für unsere sündhaften Handlungen ist.

Indirekt und freilich unbewusst weist Homer einmal auf diesen Zustand hin. Als Bart ihn fragt, welcher Religion er angehöre – was eine ziemlich merkwürdige Frage ist, da die Familie schließlich jeden Sonntag in die Kirche geht –, antwortet Homer: „Der mit den wohlgemeinten Ratschlägen, die im wirklichen Leben nicht ankommen." Helmut Schmidt formulierte es ähnlich, als er einmal meinte, mit der Bergpredigt lasse sich keine Politik machen. Tatsächlich sind die Forderungen der Bergpredigt zu radikal, um in unserer Welt vollständig durchgesetzt werden zu können. Aber der Grund dafür liegt eben genau in dem Bruch zwischen unserer gefallenen Welt und dem Reich Gottes. Deshalb ist Sünde ein so unverzichtbarer Begriff für uns Christen, wie Kierkegaard richtig erkannt hat. Nur wer ein Bewusstsein für die Sünde hat, die uns von Gott trennt, versteht die Bedeutung des Opfers Christi. Denn nur durch Christus, das Lamm Gottes, das der Welt Sünde trägt, konnte diese Trennung, dieser Bruch, zwischen Gott und uns überwunden werden.

„Allein aus Gnade im Glauben an die Heilstat Christi, nicht auf Grund unseres Verdienstes werden wir von Gott angenommen und empfangen den Heiligen Geist, der unsere Herzen erneuert und uns befähigt und aufruft zu guten Werken." So heißt es in der Gemeinsamen Erklärung zur Rechtfertigungslehre, die am 31. Oktober 1999 von der römisch-katholischen Kirche und dem Lutherischen Weltbund in Augsburg unterzeichnet wurde. Obwohl die zitierte Aussage alles andere als revolutionär klingt, brauchte es beinahe 500 Jahre, um sich darauf zu verständigen.

Denn genau diese Frage war letztlich Auslöser der Reformation. Luther betonte stets die Erlösung allein aus Gnade im Glauben und warf der katholischen Kirche vor, nur auf die Werke des Menschen zu schauen. Die katholische Kirche wiederum warf Luther vor, die guten Werke abzulehnen und zur Passivität aufzurufen. Die Unterzeichnung der genannten Erklärung, der sich wenige Jahre später auch der Weltrat methodistischer Kirchen anschloss, war ein großer Durchbruch für die ökumenische Bewegung.

Bei den Simpsons hingegen scheint eher das vorzuherrschen, was man theologisch als Werkgerechtigkeit bezeichnet und sowohl von evangelischer wie katholischer Seite abgelehnt wird. Das lässt sich bereits in der zu Beginn dieses Kapitels zitierten Reaktion Homers auf den Besuch Reverend Lovejoys beobachten. Homers Hoffnung, dass Lovejoy Marge zur Weiterführung der Ehe überreden würde, da ihn „sein" Gott sonst bestrafen würde, war, wie wir bereits gesehen haben, trügerisch. Zunächst einmal stellt sich die Frage, an welchen Gott Homer genau denkt, wenn er von Lovejoys Gott spricht. Offenbar betrachtet sich Homer nicht als zur selben Glaubensgemeinschaft zugehörig. Unklar bleibt auch, ob Homer an einen anderen Gott glaubt, und wenn ja, an welchen. Aber auch abgesehen von diesen polytheistischen Spekulationen ist bereits die Vermutung, dass Gott den Reverend für einen vermeintlichen Fehler unmittelbar bestrafen würde, gänzlich falsch, denn genau diese Vorstellung vom Verhältnis von Sünde und Strafe entspricht nicht der christlichen Botschaft.

Aber auch an vielen anderen Stellen innerhalb der Serie können wir dieses Denken beobachten. Als Homer sich einen illegalen Kabelanschluss zulegt, fürchtet Lisa, wegen dieses Vergehens in die Hölle zu kommen, was ihr ihre Sonntagsschullehrerin kurz zuvor auch genau so beigebracht hat. In einer späteren Staffel fragt Lisa dieselbe Lehrerin, was mit ihrem Vater, der wegen einer Herzoperation im Krankenhaus liegt (und dort noch nicht mal beten darf), passieren werde, wenn er stirbt. Die Antwort der Lehrerin: „Wenn er immer ein guter Mensch war, kommt er in den Himmel." Nun könnte man solche Äußerungen vielleicht als eine kindgerechte Vereinfachung ansehen, aber tatsächlich glauben viele Christen, entgegen eindeutiger theologischer Stellungnahmen der Kirchen, dass Gott, ähnlich wie der Weihnachtsmann, eine Liste über gute und böse Taten führe und am Ende „unterm Strich" entscheidet. Insofern geben die Simpsons nur ein weitverbreitetes Gefühl innerhalb der Bevölkerung wieder, das aber nichtsdestotrotz falsch ist. Wie sooft bei den Simpsons gilt also auch in dieser Frage: Gut beobachtet – aber bitte nicht nachmachen!

Kapitel V

DAS CHRISTENTUM UND DIE WELTRELIGIONEN

„Haben Sie mal über die anderen Religionen nachgedacht? Die sind doch alle mehr oder weniger gleich."

Reverend Lovejoy

Kenner der Serie wissen um die prägende Wirkung von Ned Flanders auf die Biographie des Reverend Timothy Lovejoy. Einst ein junger und engagierter Mann des Glaubens und Freund seiner Mitmenschen, begegnete er bei seiner Versetzung nach Springfield dem einen Mitbürger, mit dem er nicht gerechnet hatte. Flanders treibt Lovejoy mit seinen Sorgen („Ich glaube, ich begehre meine eigene Frau") so sehr in den Wahnsinn, dass sich dieser im Laufe der Zeit in einen teilnahmslosen Zyniker verwandelt. In einer Folge ist er wieder einmal so genervt von Neds Anrufen, dass er ihm folgenden Rat erteilt: „Ned, haben Sie mal über die anderen Religionen nachgedacht? Die sind doch alle mehr oder weniger gleich." Hier liegt allerdings eine leicht ungenaue Übersetzung aus dem Englischen vor. Das Original ("Ned, have you considered any of the other major religions? They"re all pretty much the same") will sagen: Haben Sie mal darüber nachgedacht, sich einer anderen Religion anzuschließen? Lovejoy empfiehlt Flanders also allen Ernstes einen Religionswechsel, nur damit er ihn nicht länger ertragen muss. Noch interessanter als diese unerfreuliche Einstellung des Reverend ist allerdings seine Begründung: Es mache letztlich keinen Unterschied, welcher Religion man angehöre, da alle mehr oder weniger gleich seien. Hat er damit recht?

In unserer aktuellen öffentlichen Debatte könnte man beinahe den Eindruck gewinnen, als habe sich die Haltung Lovejoys tatsächlich durchgesetzt. Gar nicht so weit weg von der Einstellung des Springfielder Pfarrers ist beispielsweise unser ehemaliger Bundespräsident Christian Wulff, der in seiner Dankesrede zur Verleihung des Toleranzpreises der evangelischen Akademie Tutzing sagte: „Juden, Christen und Muslime glauben alle an den einen Gott, der die Welt und alle Menschen erschaffen hat. Sie teilen den Auftrag, die Schöpfung zu achten und zu bewahren. Und sie glauben an das Jüngste Gericht und damit daran, dass sie einmal Rechenschaft abzulegen haben für ihr Tun auf Erden. Bei so vielen Gemeinsamkeiten sollte es eigentlich sogar leicht sein, die Unterschiede zu ertragen."

In eine ähnliche Richtung geht das Berliner Projekt *House of One*. In der deutschen Hauptstadt soll ein Gebäude entstehen, unter dessen Dach eine Synagoge, eine Kirche und eine Moschee vereint sind. Pfarrern, die sich gegen ein solches Projekt und für die sichtbare Scheidung der verschiedenen Religionen einsetzen, wird mitunter Volksverhetzung vorgeworfen. Dass sich im Übrigen bisher auch keine einzige Moscheegemeinde gefunden hat, die sich an diesem Projekt beteiligen will, wird dabei gerne übersehen.

Wie aber sieht das religiöse Miteinander in Springfield aus? Trotz ihrer geringen Größe scheint die Heimatstadt der Simpsons ein wahrer Schmelztiegel verschiedener Religionen zu sein. Obwohl die überwiegende Mehrheit der Einwohner der *First Church of Springfield* angehört, begegnen die Simpsons im Laufe der Serie einer Reihe von Menschen aus anderen Religionen und Konfessionen. Die früheste Begegnung dieser Art machen sie mit dem Judentum, innerhalb der Serie repräsentiert durch Krusty den Clown, alias Herschel Krustofski. Krustys Zugehörigkeit zum Judentum wird allerdings erst deutlich, als er einmal bei den Simpsons zum Abendessen eingeladen ist und das Tischgebet auf Hebräisch spricht, was bei Homer den fröhlichen, wenngleich wenig pietätvollen Kommentar hervorruft: „Er betet ja in seiner Clownsprache." Im Anschluss offenbart Krusty die tragische Entwicklung der Beziehung zu seinem Vater, dem Rabbi Hyman Krustofski. Dieser gehörte zur intellektuellen Elite der Lower East Side von Springfield, wo Krusty aufwuchs – eine Anspielung auf die Lower East Side von Manhattan, die stark von der jüdischen Kultur geprägt ist. Der Vater stand den Ambitionen seines Sohnes, Clown zu werden, ablehnend gegenüber und verstieß ihn, nachdem er herausgefunden hatte, dass Herschel gegen seinen Willen dieser Tätigkeit nachging. Erst viele Jahre später gelingt es Bart und Lisa, nach scheinbar endlosen exegetischen Diskussionen über Tanach und Talmud, Krusty wieder mit seinem Vater zu versöhnen – ausgerechnet durch ein Zitat von Sammy Davis junior.

Krusty und sein Vater repräsentieren zwei typisch jüdische Klischees: den Komiker und den Gelehrten. In beiden Kategorien stechen Juden, gemessen an ihrem vergleichsweise geringen Anteil an der Gesamtbevölkerung, überproportional hervor. Etwa 15 % aller bisherigen Nobelpreisträger waren jüdischer Abstammung. Wenn man bedenkt, dass Juden nur etwa 0,2 % der Weltbevölkerung ausmachen, ist ihr Anteil an den Nobelpreisträgern also 75-mal höher, als bei gleichmäßiger Verteilung zu erwarten gewesen wäre. Ähnliches gilt für den Bereich der Comedy, jedenfalls in den USA. Auch hier sind Juden auffällig zahlreich vertreten. Man denke nur an berühmte Komiker wie Woody Allen, Mel Brooks, Bette Midler oder Jerry Seinfeld. Unter den Machern der Simpsons finden sich ebenfalls viele jüdische Autoren. Auch die genannte Folge, in der Krusty erstmals seinen Vater erwähnt, wurde von dem jüdischen Autor Mike Reiss geschrieben.

Bis hierher haben wir es bei den Simpsons also in erster Linie mit jüdischen Gesellschaftsklischees zu tun. Wird aber auch die jüdische Theologie aufs Korn genommen, so, wie es in der Sendung mit der christlichen ständig geschieht? Tatsächlich ist man hier zurückhaltender. Dies dürfte allerdings weniger daran liegen, dass sich die Autoren der Simpsons nicht an dieses Thema heranwagen, sondern dass jüdische Glaubensinhalte vielen Zuschauern schlicht zu wenig bekannt sind. Natürlich gehört es zur Allgemeinbildung, zu wissen, dass Juden beispielsweise kein Schweinefleisch essen. Deshalb treten in Springfield ja auch die „Rappenden Rabbis“ mit ihrem Song „Hände weg vom Schwein“ auf, die Homer zu der ängstlichen Frage veranlassen: „Marge, sind wir Juden?“ Beglückt von der Verneinung seiner Frau, stößt Homer sein charakteristisches „Juhu“ aus und zieht urplötzlich ein ganzes Schwein auf einem Teller heran, in das er genüsslich Messer und Gabel steckt.

Trotz solcher Anspielungen auf die jüdische Kultpraxis muss sich eine erfolgreiche Sitcom wie die Simpsons natürlich an der Mehrheitsgesellschaft orientieren, und die ist in den USA, ebenso wie in Deutschland, nun einmal christlich geprägt. Wie übergreifend dieser Einfluss ist, kann man unter anderem daran sehen, dass Krusty beim Gebet die Hände faltet, was im Christentum zwar selbstverständlich, im Judentum aber unüblich ist.

Andererseits sind viele theologische Fragen bei Christen und Juden identisch, so zum Beispiel die Theodizee. Das können wir gut in der Radiotalkshow „Gabbin" about God" beobachten, in der sich Reverend Lovejoy, sein katholischer Kollege Monsignore Daley und Rabbi Krustofsky den Fragen der Anrufer stellen. Gleich die erste Frage handelt von dem angesprochenen Problem: „Bei dem ganzen Leid auf der Welt, kommen Ihnen da manchmal Zweifel, ob es Gott wirklich gibt?" Alle drei antworten wie aus der Pistole geschossen: „Nein", „Nicht einen Moment", „Nicht im Geringsten". Hier scheint also ein gewisser theologischer Konsens zu herrschen. Anders wird es kurz darauf, als Bart in der Show anruft und fragt, ob ein Vater seinem Sohn nicht vergeben sollte, wenn dieser zwar gegen dessen Willen einen bestimmten Beruf wählt, dabei aber Millionen von Kindern glücklich macht. Sowohl der Reverend als auch der Monsignore bejahen diese Frage, während Krustofsky brüllt: „Auf keinen Fall!"

In gewisser Weise lässt sich bei Rabbi Krustofski durchaus ein typischer Wesenszug jüdischer Religion ausmachen. Lisa macht ihren Bruder auf diesen Punkt aufmerksam, indem sie fragt: „Was schätzen Rabbis von allen Dingen am allerhöchsten?" Bart ist unsicher: „Diese blöden Hüte?" Doch Lisa weiß es besser: „Das Wissen!" Diese Hochschätzung von Bildung und Wissenschaft ist ohne Zweifel der Grund für die bereits angesprochene überproportional hohe Zahl jüdischer Nobelpreisträger. Allerdings wirkt sich dieser Charakterzug auch auf das religiöse Leben des Judentums aus. Nicht zufällig wird Hyman Krustofsky in einem leicht düsteren Arbeitszimmer gezeigt, in dem er, von nichts als Bücherregalen umringt, hebräische Schriftrollen studiert. Bei allem berechtigten Lob für die jüdische Gelehrsamkeit machten sich ihre potentziellen Schattenseiten aber bereits zu Jesu Zeiten bemerkbar. Als Jesus mit seiner Predigt an die Öffentlichkeit tritt, lauten die ersten Fragen der Schriftgelehrten: „Ist das nicht der Zimmermann? Wie kann er uns über das Gesetz lehren, das er nie studiert hat?" Es ging also zunächst gar nicht um konkrete Themen, sondern um die Frage, warum man sich mit so jemandem überhaupt auf einen Streit einlassen sollte. Aus Sicht der jüdischen Bildungselite war Jesus ein Laie, dem die akademische Qualifikation fehlte, um mit ihnen auf Augenhöhe zu diskutieren. Ob er die Wahrheit sprach oder nicht, war im Grunde irrelevant, man brauchte ihm gar nicht erst zuzuhören.

Die Schriftgelehrten zur Zeit Jesu hatten sich von den „einfachen" Menschen entfremdet und sich die Exklusivrechte für theologische Debatten gesichert. In einer Gesellschaft von Analphabeten war die Fähigkeit zu lesen ein unschätzbares Privileg, vor allem, wenn man bedenkt, dass die heiligen Schriften in Hebräisch verfasst waren, nicht in Aramäisch, der gebräuchlichen Umgangssprache jener Zeit. Im Buch Jesus Sirach, einer der apokryphen Schriften des Alten Testaments, wird ganz offen das Loblied des Schriftgelehrten angestimmt, mit besonderer Betonung seiner Überlegenheit gegenüber den Handwerkern:

Die Weisheit des Schriftgelehrten vermehrt das Wissen. Wer frei ist von Arbeit, kann sich der Weisheit widmen. Wie kann sich einer der Weisheit widmen, der den Pflug hält und mit dem Treiberstachel prahlt, der Rinder auf die Weide treibt, Ochsen zurückholt, sich mit den Jungstieren unterhält, der seinen Sinn auf das Eggen der Furchen richtet und darauf bedacht ist, die Mast zu vollenden? Arbeiten muss auch der Handwerker und Künstler, der Tag und Nacht beschäftigt ist, der Siegelringe schneidet oder dessen Aufgabe es ist, in das bunte Gewebe Abwechslung zu bringen, der seinen Sinn auf die Wiedergabe des Musters richtet und darauf bedacht ist, das Werk schön zu vollenden. [...]

Sie alle verlassen sich auf ihre Hände, und jeder ist erfahren in seinem Geschäft. [...]

Aber zur Volksversammlung werden sie nicht hinzugezogen, in der Gemeinde ragen sie nicht hervor. Sie sitzen auf keinem Richterstuhl und kennen sich nicht aus in Recht und Gesetz. Weise Bildung offenbaren sie nicht, Sinnsprüche sind bei ihnen nicht zu finden. Sie kennen sich nur in weltlichen

Berufen aus, ihr Sinnen richtet sich auf die Ausübung des Gewerbes. Anders, wer sich der Gottesfurcht widmet und das Gesetz des Höchsten erforscht. Die Weisheit aller Vorfahren ergründet er und beschäftigt sich mit den Weissagungen; er achtet auf die Reden berühmter Männer, und in die Tiefen der Sinnsprüche dringt er ein. Er erforscht den verborgenen Sinn der Gleichnisse und verweilt über den Rätseln der Sinnsprüche. Im Kreis der Großen tut er Dienst und erscheint vor den Fürsten; er bereist das Land fremder Völker, erfährt Gutes und Böses unter den Menschen; er richtet seinen Sinn darauf, den Herrn, seinen Schöpfer, zu suchen, und betet zum Höchsten; er öffnet seinen Mund zum Gebet und fleht wegen seiner Sünden.

Es gehört zu den tragischen Entwicklungen der Weltgeschichte, dass sich das Volk Gottes dem Sohn Gottes nicht vollständig geöffnet hat. Dabei lag der Grund dafür nicht etwa in mangelnder Frömmigkeit, sondern in einer übertriebenen Fixierung auf ihre Tradition. So vertieft waren sie in ihre Texte, Gesetze und Regeln, dass sie das, was vor ihren Augen war, nicht sehen konnten. Nicht ganz unähnlich geht es Rabbi Krustofsky, der am Ende der Folge bekennen muss, dass ihn seine Starrköpfigkeit daran gehindert hat, seinem Sohn die angemessene Liebe eines Vaters entgegenzubringen.

Die zweite Weltreligion, mit der es die Familie Simpson im Laufe der Jahre zu tun bekommt, ist der Buddhismus. Als Homer durch einen missglückten Raketenstart die Kirche zerstört, sieht sich die Gemeinde zum Zweck des Wiederaufbaus gezwungen, Mr. Burns die Leitung zu übertragen. Dieser verwandelt das Gotteshaus kurzerhand in eine Mischung aus Stadion und Shoppingcenter. Lisa wendet sich daraufhin angewidert von der Kirche ab und begibt sich auf die Suche nach einem neuen Glauben, der weniger materialistisch ist. Zufällig kommt sie am buddhistischen Tempel von Springfield vorbei, wo sie neben Lenny und Carl auch Richard Gere trifft. Über welche dieser Begegnungen man mehr verwundert sein soll, ist schwer zu sagen, denn Lenny und Carl waren bis dato oft im sonntäglichen Gottesdienst zu sehen. Auch ansonsten sind beide Charaktere innerhalb der Serie nicht als besonders religiöse Menschen aufgefallen, weder bei ihrer Arbeit im Atomkraftwerk noch als Homers Saufkumpane bei Moe.

Wie dem auch sei, Lisa interessiert sich verständlicherweise mehr für Richard Gere, den, wie Lenny meint, berühmtesten Buddhisten der Welt. Wie auch immer die genaue Rangliste der berühmtesten Buddhisten aussehen mag, steht Richard Gere mit Sicherheit tatsächlich ziemlich weit vorne, nicht zuletzt aufgrund seines politischen Einsatzes für die Freiheit Tibets, für die er auch in der Serie wirbt. Gerade im amerikanischen Showbusiness ist der Buddhismus durchaus verbreitet. Orlando Bloom hängt ihm ebenso an wie die Synchronsprecherin von Edna Krabapple, Marcia Wallace, die bedauerlicherweise im Jahre 2013 verstarb. Gere vermittelt Lisa die edle Wahrheit des Buddhismus, dass die Ursache allen Leids Verlangen sei – wobei er die oberste Wahrheit des Buddhismus, dass alles Leben Leiden ist, überspringt. Lisa ist sehr von seinen Worten angetan und nach Durchsicht des entsprechenden Flyers endgültig überzeugt: „Ich bin eine Buddhistin!“

Obwohl sich Lisas Hinwendung zum Buddhismus relativ rasch vollzieht und in erster Linie durch äußere Einflüsse veranlasst scheint, liegen die Gründe für diesen Umschwung tief in ihrem Charakter begründet. Ihr ausgeprägter Intellekt, die damit einhergehende pessimistische Weltsicht sowie ihre Liebe zur Natur und zu den Tieren machen Lisa Simpson zu einer typischen Kandidatin für den Buddhismus. Dieselben Eigenschaften lassen sich beispielsweise auch dem Philosophen Arthur Schopenhauer (1788-1860) zuschreiben, der maßgeblich an der Verbreitung des Buddhismus in Deutschland beteiligt war. Die Wirkung des Buddhismus auf westliche Intellektuelle ist leicht zu erklären. Anders als das Christentum ist der Buddhismus nicht aus göttlicher Offenbarung geboren, sondern aus der Betrachtung der Welt. Daher ist er dem logischen Denken zugänglicher als die monotheistischen Religionen, da sich für ihn beispielsweise das Problem der Theodizee gar nicht erst stellt. Einer der großen Kenner des Buddhismus, der dennoch leidenschaftlich am Christentum ob seiner ethischen Qualität festhielt, war Albert Schweitzer. Warum er dies tat, brachte er in einem Vortrag vor angehenden Missionaren gekonnt auf den Punkt:

Auf die Frage: Wie kann ich in der Welt und zugleich in Gott sein, antwortet das Evangelium Jesu: Indem du in der Welt lebst und wirkest als einer, der anders ist als die Welt. Damit sind die Brücken des gewöhnlichen logischen Denkens abgebrochen. Der Weg führt in das Land der Naivität, der Paradoxie. Aber wir gehen ihn entschlossen und zuversichtlich. Wir halten an der absolut und tief lebendig ethischen Religion fest als an dem einen, was nottut, mag die Welterklärung darüber auch in Trümmer gehen. In dem, was an dem Christentum als naiv erscheint, liegt seine Tiefe.

Neben den großen Weltreligionen müssen sich die mehrheitlich protestantischen Einwohner von Springfield aber auch mit ihren katholischen Geschwistern auseinandersetzen. Immer wieder tauchen im Laufe der Serie Anspielungen auf die katholische Kirche auf. Als die Familie Simpson eines Sonntags von der Kirche nach Hause fährt, ist Bart so von Hunger gequält, dass er vorschlägt, ab sofort lieber in die katholische Kirche zu gehen, um während des Gottesdienstes Alkohol und Oblaten zu bekommen. Marge ist alles andere als angetan von diesem Vorschlag: „Nein, mit Katholiken wollen wir nichts zu tun haben. Drei Kinder sind genug, vielen Dank!“ Dieser Seitenhieb auf die katholische Sexualmoral rief die *Catholic League* auf den Plan, eine amerikanische Organisation, die sich gegen die Diffamierung der katholischen Kirche in den Medien einsetzt. Nach ihrer Beschwerde wegen der genannten Szene erhielt sie vom Sender Fox folgende Antwort:

In Ihrem Brief kritisieren Sie die Unterhaltung zwischen Bart und seiner Mutter Marge. Da Bart großen Hunger hat, schlägt er eine Konvertierung zum Katholizismus vor, weil er von der Austeilung von Oblaten und Wein im katholischen Gottesdienst weiß. So wie andere unwissende Kinder versteht Bart die Oblate einfach als Nahrung und den Wein als ein verbotenes Getränk. Da viele Familien mit dem Essen bis nach dem Gottesdienst warten, ist es nicht unüblich, dass ein Kind aus Unwissenheit eine solche Frage stellt. Die Autoren haben beschlossen, Marge nicht auf Barts lächerlichen

Wunsch, seinen Hunger durch das Sakrament zu stillen, eingehen zu lassen, sondern stattdessen ihre eigenen Gründe gegen eine Konvertierung zu nennen. Marges Ansichten zur Geburtenkontrolle widersprechen offensichtlich dem Glauben der katholischen Kirche. Obwohl Marges Reaktion als kurz und knapp betrachtet werden kann, wird durch sie auch der Eindruck vermittelt, dass die Wahl der eigenen Religion nicht nur von den religiösen Ritualen abhängt.

Die *Catholic League* empfand diese Antwort als wenig hilfreich, was sie zugegebenermaßen auch ist, aber für Fox und die Simpsonscrew war die Sache damit erledigt. Hätte dieser Streit heute stattgefunden, hätte sich der Sender übrigens einfach auf den mittlerweile berühmten Karnickelvergleich von Papst Franziskus berufen können.

In einer weiteren Folge, ironischerweise sogar direkt in der nächsten, lernen wir Reverend Lovejoys ablehnende Haltung gegenüber der katholischen Kirche kennen. Als Grandpa Simpson wegen eines Nierenversagens im Sterben liegt, bittet Marge den Reverend um die letzte Ölung. Lovejoy reagiert empört: „Das machen die Katholiken, Marge. Da können Sie mich auch gleich um ein Vodootänzchen bitten." Den eindeutigen Höhepunkt in der Auseinandersetzung mit dem Katholizismus erleben wir allerdings erst in der Folge „Der Vater, der Sohn und der heilige Gaststar" (Staffel 16, 2005), in der Liam Neeson als katholischer Priester auftritt und sowohl Bart als auch Homer für seine Kirche begeistern kann. Der geistliche Rat der First Church of Springfield, bestehend aus Reverend Lovejoy und Ned Flanders, ist fassungslos über diese Entwicklung und beruft ein Krisengespräch mit Marge ein. In diesem Kreis erläutert Flanders: „Rom ist von uns getrennt seit dem Schisma von Lourdes 1573, wo es um unser heiliges Recht ging, in die Kirche zu kommen mit nassen Haaren – was wir seitdem wieder abgeschafft haben."

Das genannte Schisma ist selbstverständlich erfunden, bildet aber eine gelungene Parodie auf manche Spaltungen im Laufe der Kirchengeschichte, die aus kaum nachvollziehbaren Gründen vollzogen wurden und bis heute weiterbestehen. Aber auch in unserer heutigen Zeit können derartige Marginalien leicht aufgebauscht werden. Wer schon einmal in einem Kirchenvorstand eine Diskussion über die Frage erlebt hat, ob der Gottesdienstbeginn möglicherweise von 10 auf 11 Uhr verlegt werden sollte, weiß, dass so etwas schnell zu bürgerkriegsähnlichen Zuständen führen kann, die oft erst lange Zeit später durch hart erkämpfte Friedensbedingungen (10:30 Uhr) beendet werden können.

Es ist geradezu paradox, dass wir über Formalien und Äußerlichkeiten oft in verbissene Diskussionen geraten, die wirklich bedeutenden Unterschiede, wie etwa zwischen Christentum und Islam, aber eher zu nivellieren suchen. Tja, was soll man sagen? Offenbar sind wir eben alle ein bisschen Lovejoy.

Kapitel VI

DIE ROLLE DER INSTITUTION KIRCHE

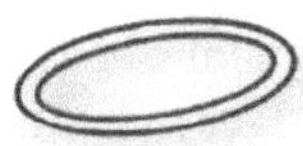

„Glaubst du nicht, der Allmächtige hat Besseres zu tun, als darauf zu achten, wo ein kleiner Mensch eine Stunde seiner Woche verbringt?“

Homer

„Ich würde ja gerne mitgehen, Schatz, aber ich habe hier im Bett noch so viel zu erledigen.“ Mit diesen Worten versucht sich Homer am Sonntagmorgen gegenüber Marge zu rechtfertigen, die ihn zur Eile mahnt, da sie sonst zu spät zur Kirche kämen. „Homer, der Herr bittet dich nur um eine einzige Stunde in der Woche“, ruft sie ihrem Mann vorwurfsvoll entgegen, woraufhin dieser erwidert: „Warum hat er die Woche dann nicht einfach eine Stunde länger gemacht? Dieser blöde Gott!“ Der zweite Teil dieser Antwort wurde übrigens für das italienische Fernsehen umformuliert, da er als zu blasphemisch galt. Aber auch abgesehen von dieser offensichtlichen Blasphemie ist Homers Argument von einer Absurdität, die keine weitere Beschäftigung lohnt. Dabei hat er an anderer Stelle durchaus bessere Argumente für seine Weigerung, in die Kirche zu gehen.

„Was hat das für einen Sinn, jeden Sonntag in so ein albernes Gebäude zu gehen? Ist Gott nicht überall?“ Das klingt auf den ersten Blick gar nicht mal so dumm. Selbstverständlich kann Gott auch außerhalb eines Kirchengebäudes präsent sein. Vielleicht ist die Frage aber gar nicht so sehr, ob Gott überall ist, sondern, ob ich ihn überall *erlebe*. Jesus spricht: „Wo zwei oder drei in meinem Namen versammelt sind, da bin ich mitten unter ihnen.“ Er sagt nicht, *nur da*, wo zwei oder drei in meinem Namen versammelt sind, aber er betont, wie sooft, die Bedeutung der Gemeinschaft für die Praxis des Glaubens. Gottesliebe und Menschenliebe sind zwei Seiten derselben Medaille, wie wir bereits in Kapitel IV gesehen haben. Dasselbe gilt analog für das Verhältnis von Gottesdienst und Menschendienst. Deshalb hat es seinen guten Grund, dass der Gottesdienst in der Gemeinschaft gefeiert wird.

Auch der kirchliche Raum als Ort des Gottesdienstes ist keinesfalls unbedeutend. Zwar ist es nebensächlich, ob das Kirchengebäude einen Turm und eine Glocke hat, ob der Pfarrer einen Talar trägt oder ob man Lieder aus dem 16. oder 20. Jahrhundert singt. Aber der Kirchenraum soll die Präsenz des Heiligen einfangen, soll seine Gäste spüren lassen, dass Christus in ihrer Mitte präsent ist. Um einen etwas profanen Vergleich zu gebrauchen: Natürlich kann man sich auch in seinem Wohnzimmer sportlich betätigen. Nichts hindert jemanden daran, auf seinem Teppichboden Liegestütze und Kniebeugen zu absolvieren oder sich ein Laufband neben den Esstisch zu stellen. Trotzdem ziehen die meisten Menschen die Atmosphäre eines Fitnessstudios für derartige Betätigungen vor. Das Fitnessstudio ist ein Ort, an dem alles auf Sport ausgerichtet ist. Die Räume enthalten nichts als Sportgeräte, alle Anwesenden widmen sich dem Sport, mit jedem Atemzug schmeckt man die körperliche Ertüchtigung – und den damit einhergehenden Schweiß. Kurz gesagt, die Atmosphäre des Fitnessstudios regt mich dazu an, mich dem Sport zu widmen. Auf die gleiche Weise sollte auch der Kirchenraum dazu anregen, sich der Präsenz Gottes hinzugeben.

Eines von Homers weiteren Argumenten gegenüber Marge lautet: „Glaubst du nicht, der Allmächtige hat Besseres zu tun, als darauf zu achten, wo ein kleiner Mensch eine Stunde seiner Woche verbringt?“ Ironischerweise muss sich Homer viele Jahre später, als er durch eine Verquickung widriger Umstände als Missionar auf einer tropischen Insel landet, von einem der Eingeborenen eine ähnliche Frage gefallen lassen: „Wenn Gott doch so allmächtig ist, warum interessiert es ihn dann überhaupt, ob wir ihn anbeten oder nicht?“ Homer antwortet: „Ja, weißt du, Gott ist zwar sehr mächtig, aber er ist auch unsicher.“ Mit dieser etwas unbedarften Antwort hat Homer einen Eindruck wiedergegeben, den man durchaus beim Lesen des Alten Testaments bekommen kann. Mitunter wirkt es tatsächlich so, als sei Gott regelrecht eifersüchtig, wenn sich das Volk Israel anderen Göttern zuwendet. Im Lichte des Evangeliums darf man diese Eifersucht aber wohl eher als Zeichen seiner überschwänglichen Liebe zu uns Menschen deuten. In diesem Sinne lässt sich auch Homers eigene Frage beantworten, ob es Gott wirklich kümmere, ob er in die Kirche gehe oder nicht. Gott ist kein Überwacher, der eine Strichliste führt, wer wie oft in der Kirche saß. Aber das bedeutet nicht, dass es ihm egal wäre. Der österreichische Schriftsteller Franz Werfel hat es einmal so ausgedrückt: „Gott bittet uns, ihn zu lieben, nicht weil er unsere Liebe zu ihm braucht, sondern weil wir unsere Liebe zu ihm brauchen.“ Schöner lässt es sich kaum sagen!

Gott ist sehr wohl daran gelegen, dass wir uns regelmäßig in den Gottesdienst begeben, aber nicht um seinet-, sondern um unseretwillen! Insofern hat Homer einfach eine falsche Vorstellung von Gottes Wesen. Dies trifft ebenso auf seine Behauptung zu, ein einzelner kleiner Mensch wäre der Aufmerksamkeit Gottes doch wohl kaum wert. Hierzu kann man Homer nur an eines der schönsten Gleichnisse Jesu erinnern:

Es nahten sich ihm aber allerlei Zöllner und Sünder, um ihn zu hören. Und die Pharisäer und Schriftgelehrten murrten und sprachen: Dieser nimmt die Sünder an und isst mit ihnen. Er sagte aber zu ihnen dies Gleichnis und sprach: Welcher Mensch ist unter euch, der hundert Schafe hat und, wenn er eins von ihnen verliert, nicht die neunundneunzig in der Wüste lässt und geht dem verlorenen nach, bis er's findet? Und wenn er"s gefunden hat, so legt er sich"s auf die Schultern voller Freude. Und wenn er heimkommt, ruft er seine Freunde und Nachbarn und spricht zu ihnen: Freut euch mit mir; denn ich habe mein Schaf gefunden, das verloren war. Ich sage euch: So wird auch Freude im Himmel sein über einen Sünder, der Buße tut, mehr als über neunundneunzig Gerechte, die der Buße nicht bedürfen.

Normalerweise gelingt es Marge trotz des Widerstands ihres Mannes, die Familie Sonntag für Sonntag pünktlich im Gottesdienst zu versammeln. In einer Folge jedoch entschließt sich Homer, der Kirche konsequent fernzubleiben. Marge ist empört darüber, versucht ihren Mann aber dennoch gegenüber Gott in Schutz zu nehmen. Im Gebet spricht sie: „Er legt es nicht darauf an, gotteslästerlich zu sein, o Herr, er schläft nur einfach sonntags gern länger." Kurz darauf erscheint Gott Homer höchstpersönlich im Traum und klagt ihn an: „Du hast meiner Kirche entsagt." Auf seinen Knien und mit gefalteten Händen bittet Homer um Verständnis: „Ich bin kein böser Mensch. Ich arbeite hart und liebe meine Kinder. Warum soll ich mir den halben Sonntag anhören, dass ich irgendwann doch zur Hölle fahre?“ Das Unglaubliche geschieht: Gott stimmt Homer zu! Warum er das tut, bleibt leider offen. Schließlich müsste er wissen, dass Homer es weder mit der Arbeitsmoral noch mit seinen väterlichen Pflichten so furchtbar genau nimmt. Aber nehmen wir für einen Moment mal an, dass Homer tatsächlich ein fleißiger Arbeiter und guter Vater wäre. Hätte sein Argument dann vielleicht eine Berechtigung? Könnte man nicht tatsächlich argumentieren, dass der alltägliche Lebenswandel wichtiger ist als der gewissenhafte Besuch des Gottesdienstes?

„Dies Volk ehrt mich mit seinen Lippen, aber ihr Herz ist fern von mir“ - mit diesen Worten des Propheten Jesaja verpasst Jesus den Pharisäern eine schallende Ohrfeige. Dasselbe würde er auch heute mit Menschen tun, die zwar brav jeden Sonntag in der ersten Reihe der Kirchenbänke sitzen, sich in ihrem Alltagsleben aber hinterhältig und betrügerisch verhalten. Insofern hat Homer nicht ganz unrecht, wenn er die Wichtigkeit des Lebenswandels außerhalb der Kirche betont. Der Denkfehler liegt aber darin, beides in scharfer Trennung voneinander zu verstehen. Überhaupt haben wir die Kirche bisher vor allem als einen Ort betrachtet, zu dem man sich sonntagmorgens auf den Weg macht. So wird sie auch zweifellos meistens wahrgenommen, sowohl bei den Simpsons als auch in unserer Welt. Man sagt, ich gehe in die Kirche. Aber sollte es nicht eigentlich heißen, ich gehöre zur Kirche, ich bin ein Teil der Kirche?

Das deutsche Wort „Kirche“ leitet sich vom griechischen „Kyrios“ ab, das den meisten Gottesdienstbesuchern durch die Bitte „Kyrie eleison“ (Herr, erbarme dich) bekannt ist. Kyrios ist die Bezeichnung des Neuen Testaments für Christus, und somit liegt der Ursprung der Kirche, die ich als Rheinländer ohnehin „Kürche“ ausspreche, auch sprachlich in Gottes Heilshandeln in der Welt, das in Christus, dem Herrn, Wirklichkeit wurde. Der französische Theologe Alfred Jouly schrieb einmal: „Jesus hat das Reich Gottes verkündet – und gekommen ist die Kirche.“ Was zunächst wie ein etwas zynischer Anflug von Enttäuschung klingen mag, war durchaus ernst gemeint. Die Kirche als sichtbare Gemeinschaft der Gläubigen ist die Vorhut des Gottesreiches. Als solche erschöpft sich ihr Handeln nicht in einer Stunde am Sonntagmorgen, sondern in einer lebendigen Gemeinschaft, in die sich jeder mit seinen Gaben einbringen kann. Zu diesen Gaben gehört nicht zuletzt auch das Geld, um das sich Reverend Lovejoy stets besonders bemüht, wenn er beispielsweise darauf hinweist, dass der Zehnte vom Brutto- und nicht vom Nettoeinkommen her zu berechnen sei. Oder wenn er die Gemeindemitglieder bei der Kollekte darauf hinweist, dass ihr Nebenmann sie beobachte.

Überhaupt scheint Lovejoy ein eher materialistisches Verständnis seines Amtes zu haben. Auf die Frage des heiligen Lukian, der in seinem Glasfenster in der Kirchenmauer einmal urplötzlich zum

Leben erwacht, was Lovejoy getan habe, um die Herzen der Gläubigen zu inspirieren, antwortet er: „Ich habe in der Vorhalle einen neuen Teppichfußboden legen lassen." Das wiederum veranlasst den heiligen Donickus zu der Aussage: „Ich bin in über 800 Visionen erschienen. Das ist die dämlichste Antwort, die ich je gehört habe." Auch in der Folge, in der Bart seine Seele an Milhouse verkauft, erhalten wir einen interessanten Blick hinter die Kulissen des Altars.

Milhouse hat Bart bei Reverend Lovejoy verpetzt, woraufhin beide zum Orgelreinigen verdammt werden. Milhouse rechtfertigt seinen Verrat mit der Angst vor Raubvögeln, die an seiner Seele herumzerren – eine Horrorvision, die Lovejoy kurz zuvor den Kindern eingebläut hatte, für den Fall, dass sie ihn anlügen. Bart kann es kaum glauben, dass Milhouse darauf reingefallen ist: „So was wie eine Seele gibt's doch gar nicht, die hat man nur erfunden, um Kindern Angst einzujagen, wie den großen Buhmann oder Michael Jackson." (Letzteres ist eine Anspielung auf die Vorwürfe gegen Michael Jackson wegen Kindesmissbrauchs, die kurz zuvor (1993) erstmals laut geworden waren.) Doch Milhouse widerspricht: „Aber jede Religion sagt, es gibt eine Seele. Warum sollten alle lügen? Was haben die denn davon?" Im selben Augenblick sieht man Reverend Lovejoy im Hintergrund genüsslich die zahlreichen Scheine und Münzen aus dem Klingelbeutel zählen. Diesen Vorwurf der Geldmacherei auf Kosten der Leichtgläubigkeit der Menschen hat sich die Kirche im Laufe der Geschichte immer wieder gefallen lassen müssen – und nicht immer zu

Unrecht. Den Höhepunkt dieses Geschäftsmodells bildete ohne Zweifel der Ablasshandel, der ein Hauptauslöser der lutherischen Reformation war.

Aber auch in jüngster Zeit erleben wir wieder Diskussionen über die Verwendung kirchlicher Gelder, vor allem dann, wenn es um Kronleuchter und frei stehende Badewannen geht. Allerdings muss sich auch die evangelische Kirche, die im Jahre 2014 über fünf Milliarden Euro an Steuergeldern eingenommen hat, gelegentlich fragen lassen, wofür sie dieses ganze Geld ausgibt. Es lässt sich trefflich darüber streiten, ob die über 23 Millionen Mitglieder der EKD wirklich wollen, dass ihre Milliarden für die sogenannte „Bibel in gerechter Sprache“ oder das „Studienzentrum für Genderfragen“ ausgegeben werden. Eine einfache Lösung für den Missbrauch großer Geldsummen wäre natürlich die Abschaffung der Kirchensteuer. Würden sich die Gemeinden aus freien Beiträgen ihrer Mitglieder finanzieren, gäbe es weit mehr Transparenz, und es würden auch nur solche Projekte gefördert, die den Mitgliedern tatsächlich am Herzen liegen. Aber seit wann setzen sich in der Kirche einfache Lösungen durch ...

Dass sich Reverend Lovejoy mit Nachdruck um die Spenden seiner Schäfchen bemüht, liegt nicht zuletzt daran, dass in den USA, wie in den meisten anderen Ländern der Welt, keine entsprechende Kirchensteuerregelung herrscht. Er ist somit dringend auf dieses Geld angewiesen, nicht zuletzt für seinen eigenen Lebensunterhalt. Dass dieser nicht allzu üppig ausfällt, können wir in der zehnten Staffel beobachten. Während Bart sich in der Bücherei über das Ausbrüten von Vögeln informiert, sehen wir Lovejoy beim Ausleihen einer Bibel. Die Bibliothekarin fragt ihn entnervt: „In den letzten neun Jahren haben Sie sich an jedem Wochenende diese Bibel ausgeliehen. Wäre es nicht einfacher, sich einfach eine zu kaufen?" Der Reverend reagiert frustriert: „Ja, vielleicht, wenn ich das Gehalt einer Bibliothekarin hätte." (Original: „Perhaps, on a librarian's salary." In der deutschen Fassung liegt ein Übersetzungsfehler vor, Lovejoy sagt: „Wenn die Bibliothek mal einen Ausverkauf macht.") Dieses Verhalten steht natürlich im Widerspruch zu früheren Szenen, in denen Lovejoy durchaus als stolzer Besitzer einer eigenen Bibel gezeigt wird. Wäre da nicht die präzise Formulierung der Bibliothekarin, dass Lovejoy sich seit neun Jahren, also so lange die Serie bisher läuft, jedes Mal diese Bibel ausleihe, man könnte schlussfolgern, dass sich die Einnahmen der Gemeinde im Laufe der Zeit verschlechtert haben – was auch nicht verwundern würde, wenn man die vielen religiösen Wechsel innerhalb von Springfield im Laufe der Serie bedenkt.

Wie dem auch sei, Lovejoys Fixierung auf die materiellen Dinge des Lebens lässt ihn mitunter blind für die seelischen Nöte seiner Mitmenschen werden. Dem von seiner Mutter geplagten Rektor Skinner empfiehlt er einfach nur, mal in der Bibel zu lesen. Auf die Rückfrage Skinners, ob der Reverend irgendeine bestimmte Passage empfehlen könne, erwidert dieser nur: „Ach, die sind alle gut." Es sind genau Verhaltensweisen wie diese, die Marge eines Tages dazu bewegen, Lovejoy ins Gewissen zu reden: „Predigten über Standhaftigkeit und Seelencouragestärke (im Original: prudissitude, ein erfundenes Wort, das sich irgendwie von prudence ableitet) sind gut, aber die Kirche könnte weit mehr tun, um alle Gemeindemitglieder zu erreichen." Zu Lovejoys großer Überraschung bietet Marge sogar ihre freiwillige Unterstützung an. Während sie die toten Tauben aus der Orgel fegt, entdeckt Lovejoy in seinen Büchern eine Form von Schamhaftigkeit wieder, „die seit über 700 Jahren nicht mehr praktiziert wird".

Wer das übrigens für eine völlig übertriebene und unrealistische Form theologischer Beschäftigung hält, der hat noch nie akademisch-theologische Erläuterungen zu Predigten gelesen. Nur ein Beispiel: In einer Predigt des Kirchenvaters Johannes Chrysostomos findet sich folgender Aufruf: „Lasst uns nicht nachlassen in den Läufen für die Tugend." Ein wahnsinnig komplizierter Satz, für den einfachen Predigthörer kaum zu verstehen. Doch zum Glück haben wir ja die Theologen, die uns mit ihren glasklaren Kommentaren zu dieser Stelle aushelfen: „Sowohl der athletische Lauf (bildspendender Bereich), der einen Appell an ein diszipliniertes Verhalten darstellt und Zielgerichtetheit einschließt, als auch der Imperativ in der 1. Person Plural, der zum Handeln auffordert und an ein Ethos anschließt, das zum Positiven verändert werden soll (bildempfangender Bereich), verdeutlichen eine ermahnende, paränetische Valenz der Metapher." Persönlich hatte ich aus diesem Geschwafel zumindest einen Erkenntnisgewinn. Ich wusste bis dahin nicht, dass Metaphern überhaupt Valenzen haben, ich kannte den Begriff nur aus der Elektrotechnik.

Kommen wir aber zurück zu Marge, die in besagter Folge völlig in ihrer Funktion als Seelsorgerin der Gemeinde aufblüht. Die Bewohner von Springfield kommen wieder begeistert in den Gottesdienst, jedoch nicht, um die Predigten Lovejoys, sondern um Marges Ratschläge zu hören. Ist das vielleicht der wahre Sinn der Kirche? Liegt dieser vielleicht eher in gegenseitiger Unterstützung als in der sonntäglichen Predigt? Wieder einmal liegt der Fehler in einem Entweder-Oder-Denken. Das diakonische Handeln der Kirche bildet einen wichtigen Bestandteil christlichen Lebens, eine Art Gottesdienst in der Welt. Es sollte aber niemals gegen den Dienst am Wort ausgespielt werden. Springfield hat einfach das Pech, einen minderbegabten Prediger zu haben. Aber ist Marge wirklich eine gute Seelsorgerin? Der Erfolg scheint ihr zweifellos recht zu geben, aber wie sieht es mit der theologischen Beurteilung aus?

Zunächst wäre nach ihren Motiven zu fragen, die sie bewogen haben, sich in diesem Bereich zu engagieren. Diese kommen recht deutlich und ehrlich in einem Gespräch mit Homer zum Ausdruck. Dieser ist wenig begeistert von dem ehrenamtlichen Engagement seiner Frau: „Freiwillig melden sich nur Idioten. Wusstest du, dass sogenannte Freiwillige nicht bezahlt werden?“ Marge nennt als Grund für ihren Entschluss ein gewisses Schuldgefühl, wobei nicht ganz klar wird, gegenüber wem sie dieses empfindet. Vermutlich fühlt sich die treusorgende Marge einfach schon deshalb schuldig, weil sie bisher so wenig für die Gemeinde getan hat. Es mag auch sein, dass sie einfach eine neue Aufgabe sucht.

Immer wieder wird im Laufe der Serie deutlich, dass Marge durch ihr Leben als Hausfrau und Mutter nicht vollständig ausgefüllt ist. Sind derartige Überlegungen unpassend für die Übernahme des seelsorgerlichen Amtes? Mit Sicherheit nicht! Kein Seelsorger ist frei von solchen Motiven, in den noch so edlen Absichten findet sich auch immer das Allzumenschliche.

Die zweite Frage ist die nach der inhaltlichen Ausrichtung von Marges Tätigkeit. Ohne Zweifel scheint sie ein gewisses Talent im Umgang mit Menschen zu haben, die Menschen verlassen ihre „Sprechstunde" stets zufrieden. Mit Ausnahme des Kapitäns, der einfach nicht über den Verlust seines Gameboys hinwegkommen kann. Ganz besonders kreativ wird Marge im Fall von Lenny, der seinem Freund Carl jahrelang erzählt hat, er sei mit einer Schönheitskönigin verheiratet, obwohl er in Wirklichkeit Single ist. Sie rät ihm, für Carl ein großes Festmahl vorzubereiten, damit dieser am Ende des Abends so vollgefressen und müde sein wird, dass ihn überhaupt nichts mehr interessiert. Wie genau das funktionieren soll, ist allerdings fraglich. Würde Carl sich nicht wundern, dass Lennys Frau während des Essens nicht dabei ist?

Aber auch abgesehen von diesen technischen Unklarheiten muss festgehalten werden, dass Marges Ratschläge eine gewisse geistliche Tiefe vermissen lassen, wie sie für die kirchliche Seelsorge eigentlich angebracht wäre. Dabei lässt sich keineswegs eine scharfe Trennlinie zwischen der Arbeit eines Therapeuten und der eines Seelsorgers ziehen. Und doch bleibt es das Spezifikum der christlichen Seelsorge, dass sie theozentrisch ist, dass sie Frieden zwischen Gott und Mensch schafft, während die Psychotherapie ausschließlich auf den Menschen und seine Bedürfnisse ausgerichtet ist.

Unter den Bewohnern von Springfield gehört Marge in jedem Fall zu den anständigsten, und ihre pragmatischen Lebenshilfetipps gehören zum Dienst am Nächsten, den jeder von uns mit jener Gabe leisten möge, die ihm von Gott geschenkt wurde, inner- und außerhalb des Kirchengebäudes. Der sonntägliche Gottesdienst in der Kirche bildet den Ort, an den wir von unserem Wirken im Alltag zurückkehren, um die müde Gewordenen wieder aufzurichten oder um selbst Ruhe zu finden. Warum diese Sammlung allerdings immer frühmorgens stattfinden muss, wenn die Mühseligen und Beladenen auch gerne mal ausschlafen würden, das kann ich Homer leider auch nicht beantworten.

Kapitel VII

WISSENSCHAFT UND RELIGION

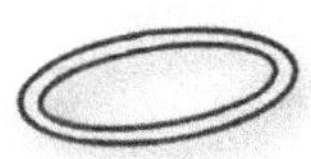

„Auf Gott können wir hier keine Rücksicht nehmen, genauso wenig wie die organsierten Religionen auf Tatsachen Rücksicht nehmen.“

Oberschulrat Chalmers

Im Laufe der Serie werden verschiedene und sich gegenseitig widersprechende Erklärungen für Homers beschränkte geistige Fähigkeiten dargeboten. Als sich Lisa um den Fortbestand ihrer Intelligenz sorgt, weil sie im Gegensatz zu ihren Klassenkameraden ein einfaches Rätsel nicht lösen kann, erzählt ihr Grandpa von den Simpson-Genen, die unweigerlich dazu führen, dass alle Mitglieder der Familie mit der Zeit verdummen. Auch Homer sei früher hochintelligent gewesen. Wie ein altes Foto beweist, war er in der Schule unter anderem Buchstabierkönig. Heute jedoch schaut er sich am liebsten geistreiche Fernsehserien an, etwa „Wenn Gebäude einstürzen". Jedoch stellt sich glücklicherweise, jedenfalls für Lisa, heraus, dass nur Männer von den Simpson-Genen betroffen sind.

Eine andere Erklärung für Homers Dummheit liefert die spätere Folge „Der berüchtigte Kleinhirn-Malstift" (Staffel 12, 2001), die als beste Zeichentricksendung des Jahres mit dem Emmy ausgezeichnet wurde. Aufgrund von Geldproblemen stellt sich Homer einem Forscherteam für Versuchszwecke zur Verfügung. Dabei stellen die Wissenschaftler fest, dass sich in Homers Gehirn ein Wachsmalstift befindet, der die Ursache für seine unterdurchschnittliche Intelligenz ist. Homer erinnert sich, wie er als

Sechsjähriger einmal 14 Stifte in seine Nase gesteckt hat, offenbar ohne beim Herausholen bemerkt zu haben, dass einer davon zurückgeblieben ist. Er lässt sich den Stift umgehend entfernen und steigert damit seine Intelligenz auf das Niveau seiner Tochter Lisa, mit der er sich auch auf Anhieb besser versteht.

Besonders faszinierend in dieser Phase ist eine Begegnung mit Ned Flanders, der gerade mit seinen Kindern auf dem Weg zur Kirche ist. Homer möchte ihm die unnötige Zeitvergeudung ersparen und erklärt: „Ich habe gerade meine Steuererklärung ausgefüllt und dabei zufällig herausgefunden, dass es keinen Gott gibt.“ Leider merkt man hier wieder einmal die schlechter werdende Übersetzung der späteren Staffeln, denn das Original lautete „I was working on a flat tax proposal and I accidentally proved there is no God“, also: „Ich habe an einem Vorschlag für eine Flat Tax gearbeitet und dabei zufällig bewiesen, dass es keinen Gott gibt.“ Unter einer Flat Tax versteht man einen einstufigen Einkommensteuertarif, wie ihn beispielsweise der ehemalige Verfassungsrichter Paul Kirchhof im Bundestagswahlkampf 2005 vorgeschlagen hatte.

Dass Homer an einem derartigen Vorschlag arbeitet, ist ein dezenter Hinweis darauf, dass intelligente Menschen einen einheitlichen Steuertarif bevorzugen – aber das nur nebenbei. Die entscheidende Präzision liegt in dem Wort „bewiesen“, denn Homer glaubt tatsächlich, den Beweis für die Nichtexistenz Gottes erbracht zu haben. Ned prüft dieses Dokument sogleich, hofft auf einen Fehler, muss aber dann bekennen: „Nein, das ist hieb- und stichfest." Dass Homer sich aufgrund seiner hohen Intelligenz nun zu einem überzeugten Atheisten entwickelt hat, ist natürlich ein kleiner Seitenhieb auf uns Christen, die wir, insbesondere in amerikanischen Sitcoms, des Öfteren als eher naiv dargestellt werden. Charaktere mit hoher Intelligenz sind in diesen Sendungen hingegen recht häufig atheistisch eingestellt, man denke nur an Dr. Cox aus *Scrubs* oder Sheldon aus *The Big Bang Theory*. Andererseits sind diese Leute wiederum alles andere als sympathisch, wodurch wir irgendwie wieder quitt sind.

Natürlich lässt sich die Existenz Gottes ebenso wenig widerlegen, wie sie sich beweisen lässt. Letzteres wurde im Laufe der Theologiegeschichte allerdings immer wieder versucht. Der erste und vielleicht berühmteste Versuch dieser Art stammt von dem mittelalterlichen Theologen Anselm von Canterbury (1033-1109). Zusammengefasst lautet sein Argument wie folgt: Gott ist per definitionem das größte aller vorstellbaren Wesen. Wenn das größte aller vorstellbaren Wesen nicht existierte, würde ihm eine wichtige Eigenschaft (Existenz) fehlen, was zu seiner nicht mehr steigerbaren Größe im Widerspruch stände. Daher muss Gott existieren.

Jedem unbefangenen Leser dürfte unmittelbar auffallen, dass es sich hierbei um einen Zirkelschluss handelt, da in der ersten Prämisse die Existenz eines höchsten Wesens bereits vorausgesetzt wird. Schon zu Lebzeiten Anselms wurde dieser Denkfehler von dem Mönch Gaunilo von Marmoutiers erkannt, der Anselm entgegenhielt, dass nach dieser Logik auch eine vollkommene Insel, die man sich nicht schöner und besser vorstellen könne, irgendwo auf der Welt existieren müsse, da der Insel sonst etwas zu ihrer Vollkommenheit fehlen würde.

Zu Recht werden Sie, verehrte Leser, sich nun fragen, wie ein kluger Kopf wie Anselm von Canterbury, der zu den großen Gelehrten seiner Epoche zählte, einen solchen „Beweis" ersinnen konnte, der nicht einmal seinen eigenen Zeitgenossen einleuchten wollte. Um dies zu verstehen, gilt es, ein weitverbreitetes Missverständnis aufzuklären. Anselms „Beweis" war niemals zur Bekehrung der Ungläubigen gedacht. Es handelt sich vielmehr um eine Selbstvergewisserung des Glaubenden. Dieses Prinzip fasste Anselm in die Worte Fides quarens intellectum (Glaube, der nach Verstehen sucht). Der Weg führt immer vom Glauben zum Verstehen, von der fides zum intellectus, nie umgekehrt. Glaube war für Anselm kein Fürwahrhalten bestimmter Inhalte, sondern eine lebendige Liebe zu Gott, ein Akt des Willens. Der Mensch besteht aber nicht nur aus Glauben, sondern auch aus Verstand. Etwas verstehen zu wollen gehört zu den Grundbedürfnissen des Menschen und auch zu den absolut legitimen. Die Glaubenserfahrung, die für Anselm am Beginn der Gottesbeziehung steht, sucht also einfach nur eine zusätzliche, eine sekundäre Bestätigung durch den Verstand. Insofern ist Anselms Gottesbeweis in gewisser Weise bereits als Zirkelschluss angelegt, da er den Glauben voraussetzt. Der Beweis soll aber, wie gesagt, auch gar nicht zum

Glauben führen, sondern diesen auch für den Verstand zugänglich machen.

Übrigens verfolgt Anselm dasselbe Ziel in seinem Werk Cur Deus Homo (Warum wurde Gott Mensch?). Der Sühnetod Jesu ist für Anselm die zentrale Erfahrung des Glaubens, doch auch diese möchte er verstandesmäßig erfassen. Daher entwickelt er in besagtem Werk die sogenannte Satisfaktionslehre, die maßgebend für die westliche Kirchentradition werden sollte: Durch den Sündenfall wurde die Ehre Gottes auf das Schlimmste verletzt. Um seine Ehre wiederherzustellen, gab es für Gott nur zwei Möglichkeiten, entweder Strafe oder Genugtuung (aut poena aut satisfactio). Aus Gnade sah er von der Strafe ab. Die Genugtuung jedoch konnte von den Menschen nicht geleistet werden. Deshalb musste Gott Mensch werden, um als Sündloser sein Leben hinzugeben und so das Gleichgewicht zwischen Gott und den Menschen wiederherzustellen.

Der zweite große Theologe des Mittelalters, der sich in Sachen Gottesbeweise hervortat, war der Dominikaner Thomas von Aquin (1225-1274). Thomas stand dem ontologischen Beweis Anselms kritisch gegenüber und stellte insgesamt fünf alternative Beweise für die Existenz Gottes auf, die jedoch alle nach dem gleichen Schema aufgebaut sind. Die bekannteste Variante bildet der Kausalitätsbeweis: Sämtliche Geschehnisse des Kosmos verlaufen in Form von Ursache und Wirkung, jede Wirkung setzt eine hinreichende Ursache voraus. Ein gutes Beispiel für eine solche Kausalkette sind Dominosteine. Das Umfallen des ersten Steins bewirkt das Umfallen des zweiten, dieses Umfallen bewirkt wiederum das zeitlich darauf folgende Umfallen des dritten usw. Aber der erste Stein kann nicht von alleine umfallen, sondern muss von Menschenhand angestoßen werden.

Das Gleiche gilt für die Welt: Ist sie einmal in Bewegung gesetzt, kann sie von allein funktionieren, aber sie kann sich nicht selbst erschaffen haben. Als Ursache kommt in diesem Fall nur Gott in Frage, der als Einziger selbst Ursache seines Seins, also unverursacht ist. Auch in diesem Fall dürfte der Denkfehler leicht zu entdecken sein. Zwar hat Thomas unzweifelhaft recht, wenn er darauf hinweist, dass wir sämtliche Prozesse in der Welt immer als Ursache und Wirkung wahrnehmen. Genau aus diesem Grund aber setzt unser Verstand bei der Frage nach der Erschaffung der Welt aus. Entweder hat die Welt schon immer existiert (Bruch der Kausalkette = unvorstellbar), oder sie ist, wie Thomas annimmt, von Gott geschaffen worden. Damit hat er das Problem allerdings nur verlagert, denn er hat die Kausalkette lediglich um ein weiteres Glied erweitert. In diesem Modell ist Gott als dasjenige definiert, das ohne Ursache ist, was wir uns aber genauso wenig vorstellen können. Die für unser Denken notwendige Kausalkette wird also in jedem Fall durchbrochen.

Neben den genannten logischen Schwächen haben die „Gottesbeweise“ von Thomas und Anselm, genauso wie die aller übrigen Urheber, aber noch einen weiteren schwerwiegenden Fehler.

Denn selbst wenn sich einer dieser Beweise als schlüssig herausgestellt hätte, so wäre man doch bestenfalls bei einer unbestimmten göttlichen Entität gelandet, niemals bei dem Vater Jesu Christi. Auch daran lässt sich noch einmal deutlich erkennen, dass derartige Beweise niemals für die christliche Mission gedacht waren.

Homers vermeintlicher Beweis für die Nichtexistenz Gottes war nur eine kurzer Nebenstrang in der besagten Wachsmalstiftepisode. Aber es gibt eine Folge der Simpsons, die den Konflikt zwischen Wissenschaft und Religion wie keine zweite in vollem Umfang thematisiert: „Der Tag der Abrechnung“ (Staffel 9, 1997). Lisa möchte den Bau eines neuen Einkaufszentrums verhindern, um an der geplanten Stelle zuvor nach möglichen Fossilien suchen zu können. Es gelingt ihr, Rektor Skinner zu einer entsprechenden Schulexpedition zu überreden, als Ausgleich dafür, dass sie ihn einst nicht verklagt hat, als sie einen Skorpion in ihrem Apfelmus gefunden hatte. Die Expedition, die für die guten Schüler als Belohnung, für die schlechten Schüler als Bestrafung durchgeführt wird, scheint sich zunächst als Fehlschlag zu erweisen, aber schließlich findet Lisa doch ein Skelett. Dieses stammt jedoch nicht von einem Dinosaurier oder einer anderen bekannten Spezies, sondern ähnelt in seinem Aussehen einem Engel. Lisa sucht sogleich nach einer wissenschaftlichen Erklärung für die „Flügel“ des Skeletts und vermutet, es handele sich um einen Neandertaler, der von zwei Fischen gebissen wurde. Interessanterweise hat die ansonsten so überschlaue Lisa dabei allerdings völlig übersehen, dass es in Amerika niemals Neandertaler gegeben hat.

Dieser ausgestorbene Vorfahr des heutigen Menschen lebte ausschließlich in Europa und später auch in Asien. Wie dem auch sei, der Streit in Springfield entzündet sich weniger an der Tatsache, um welche Vorform des modernen Menschen es sich wohl handelt, sondern an der Frage, ob es tatsächlich ein Engel sein könnte. Für Homer ist diese Frage zweitrangig, er möchte aus dem Skelett in erster Linie Kapital schlagen. Kurzerhand stiehlt er es von der Fundstelle und stellt es bei sich in der Garage auf, nimmt Eintritt für Besichtigungen und verkauft Leuchtstäbchen, ohne die, so seine Werbung, niemand in den Himmel kommt – weshalb der gutgläubige Flanders gleich seine ganze Familie damit eindeckt.

Während sich die überwiegende Mehrzahl der Springfielder Homers Engelkult anschließt, bleibt Lisa bei ihrer Skepsis und übergibt ein Stück des Skeletts an den Paläontologen Stephen Jay Gould (1941-2002) zur wissenschaftlichen Untersuchung. Mit Gould, der sich im Original selbst spricht, haben die Schöpfer der Simpsons die perfekte Besetzung für die Folge gefunden. Vielleicht hätten sie einen Wissenschaftler von diesem Renommee niemals für ihre Sendung bekommen, wenn nicht David X. Cohen, der Autor jener Episode, einst bei ihm studiert hätte.

Noch ein größerer Zufall als dieser dürfte allerdings sein, dass Gould im März 1997, also nur acht Monate vor der Erstausstrahlung der Folge, einen Artikel veröffentlicht hatte, der sich mit dem Verhältnis von Wissenschaft und Religion befasst. Der Titel des

Artikel lautete: „Nonoverlapping Magisteria“ (etwa: Nicht überlappende Herrschaftsbereiche) und benannte damit unmittelbar das Prinzip, nach dem er vorgeht. Für Gould können Wissenschaft und Religion niemals in einen wirklichen Konflikt geraten, da sich beide mit unterschiedlichen Gebieten befassen. Während sich die Wissenschaft mit der empirisch erfassbaren Wirklichkeit auseinandersetzt, befasst sich die Religion mit der geistlichen Deutung und moralischen Bewertung dieser Wirklichkeit. Diese Position wird in der besagten Folge übrigens von Richter Snyder vertreten, der zum Ende eine einstweilige Verfügung erlässt, der zufolge sich die Religion stets 500 Meter von der Wissenschaft entfernt zu halten hat. Gould formuliert es wie folgt: Die Naturwissenschaftler untersuchen den Lauf des Himmels, die Theologen fragen, wie man in den Himmel kommt.

Interessanterweise ist dieses NOMA-Konzept, das Gould im Jahre 1997 vorstellte und sich seither großer Beliebtheit erfreut, schon 2000 Jahre zuvor entwickelt worden. Es ist zutiefst bedauerlich, dass Gould wenige Jahre nach Ausstrahlung der Sendung einem Krebsleiden erlag. Zu gerne hätte ich die Gelegenheit gehabt, ihn zu fragen, ob er mit folgender Geschichte aus dem Leben des Perikles vertraut war, die sich bei dem griechischen Biographen Plutarch findet: Eines Tages wird Perikles von seinen Ländereien ein Widderkopf mit nur einem Horn gebracht. Der Seher Lampon deutet dies als politisches Zeichen. So, wie der Widder statt zwei Hörnern nur eines hat, so werde auch die Herrschaft Athens, die bisher von Perikles und Thukydides gemeinsam ausgeübt wurde, allein in die Hände des Perikles fallen – was wenig später auch genau so geschieht. Der Naturphilosoph Anaxagoras jedoch seziert den Widderkopf und kann die natürliche Ursache für die Missbildung aufzeigen. Dennoch, so die Moral der Geschichte bei Plutarch, steht die Erkenntnis des Anaxagoras nicht im Widerspruch zum Orakel Lampons:

„Übrigens wüsste ich keineswegs, warum nicht beide, der Gelehrte wie der Wahrsager, recht haben könnten, indem der eine den Grund, der andere den Zweck der Sache richtig auffasste. Die Aufgabe des einen war es ja doch zu untersuchen, woher es gerade so geworden und wie es so gekommen sei, dagegen hatte der andere das Wozu und die Bedeutung für die Zukunft anzugeben. Wenn man in der Auffindung des Grundes zugleich eine Aufhebung der Bedeutung findet, so bedenkt man nicht, dass man mit den göttlichen Anzeichen auch jedes Künstliche bei den Menschen außer Wirkung setzt. Als Beispiele mögen der Ton einer Wurfscheibe, die Lichter von Feuersignalen, der Schatten der Sonnenzeiger usw. dienen. Jeder dieser Gegenstände hat gleichfalls seinen Grund und zugleich eine gewisse Einrichtung, um irgendetwas zu bedeuten."

Auch wenn die Beispiele des Plutarch ein wenig aus der Zeit gefallen sein mögen, so bleibt sein Argument dennoch gültig. Eine Sache erklären zu können nimmt ihr nichts von ihrer Bedeutung. Ich kann mir sämtliche Noten von Beethovens Mondscheinsonate ansehen, die Bau- und Funktionsweise eines Klaviers untersuchen, die physikalische Erzeugung von Tönen verstehen ... an der unendlichen Schönheit dieses Kunstwerkes ändert das alles nichts. Dasselbe gilt für das menschliche Leben. Die Wissenschaft mag das menschliche Genom entschlüsseln und die Funktionsweise unseres gesamten Körpers erforschen. Aber das Wunder des Lebens bleibt davon völlig unberührt.

Damit sind wir bei einem, wenn nicht sogar dem klassischen Streitfall zwischen Wissenschaft und (christlicher) Religion angelangt: der Evolutionstheorie. In einem meiner früheren Bücher habe ich mich mit Nachdruck für die Anerkennung der Evolutionstheorie ausgesprochen, wofür ich mir einiges an Kritik aus dem evangelikalen Lager gefallen lassen musste. Ich möchte an dieser Stelle insbesondere auf einen immer wieder vorgebrachten Einwand eingehen, nämlich das Argument, bei der Evolutionstheorie handele es sich nur um eine Theorie, also um eine unbestätigte Annahme. Bei diesem Argument haben wir es mit einer Verwechslung zwischen Umgangssprache und wissenschaftlicher Begrifflichkeit zu tun. Wenn jemand im Alltag sagt „Ich habe da eine Theorie", dann meint er damit tatsächlich eine Vermutung, eine Idee, eine Annahme, die erst noch weiterer Überprüfung bedarf. In der Wissenschaft hingegen bezeichnet eine Theorie ein bestimmtes Modell der Wirklichkeitsbeschreibung, das durch eine große Menge an Evidenz gesichert ist. So spricht man beispielsweise auch von der heliozentrischen Theorie, also der Theorie, dass sich die Erde um die Sonne dreht. Kaum jemand wird ernsthaft bestreiten wollen, dass sich die Erde um die

Sonne dreht, und doch ist und bleibt dies im wissenschaftlichen Sprachgebrauch eine Theorie. Sollten sich, so unwahrscheinlich das auch sein mag, irgendwann Hinweise darauf finden, dass diese Theorie doch falsch sein könnte, so müsste sie selbstverständlich geändert werden. Solange das aber nicht so ist, müssen wir sie als richtig anerkennen.

Genauso ist es mit der Evolutionstheorie. Sie beschreibt überaus präzise sowohl vergangene als auch gegenwärtige Prozesse, sie ist durch eine Unmenge von Belegen gesichert. Auch hier gilt also: So lange sich keine entscheidenden neuen Hinweise finden, die zu einer Revidierung der Evolutionstheorie führen, sollten wir sie als zutreffend anerkennen.

Allerdings ergeben sich für Christen auch keinerlei Probleme aus der Evolutionstheorie, sofern sie das NOMA-Prinzip anwenden. Hier wirkt die Geschichte des Plutarch besonders anschaulich. Der Wissenschaftler betrachtet die Entstehung einer biologischen Missbildung, der Seher sucht nach ihrer Bedeutung. So auch hier: Die Wissenschaft kann die evolutive Entwicklung des Lebens erklären, aber sie kann keine Aussage über seinen Ursprung oder seinen Sinn treffen. Wie gefährlich es sein kann, die Erkenntnisse der Evolutionsforschung eins zu eins auf die menschliche Gesellschaft zu übertragen, konnten wir in der rassistischen Eugenik des 20. Jahrhunderts beobachten. Insofern ist die Theologie gerade im Falle der Evolutionstheorie gefragt, aber nicht in stumpfer Ablehnung, sondern in konstruktiver Auseinandersetzung.

Häufig werde ich in solchen Debatten gefragt, warum ich mich so energisch für die Anerkennung der Evolutionstheorie einsetze und den Leuten nicht einfach ihre Ablehnung lassen kann. Ganz einfach! Weil ich nicht möchte, dass wir Christen uns auf das Niveau von Ned Flanders begeben, der in der Engel-Folge ausruft: „Ich sage, es gibt Dinge, die wir gar nicht wissen wollen, ganz wichtige Dinge!“ Mit so einer Einstellung macht man sich nicht nur lächerlich, man schreckt auch viele Menschen unnötig vom Glauben ab. Nicht wenige haben den Eindruck, christlicher Glaube sei gleichbedeutend mit der Ablehnung wissenschaftlicher Erkenntnisse. Und genau diesen Eindruck bestärken wir, wenn wir uns gegen einhellige Ergebnisse der Wissenschaft zur Wehr setzen, mit der Begründung, es widerspreche den biblischen Schöpfungsberichten, die, wie wir im ersten Kapitel gesehen haben, bereits in sich selbst widersprüchlich sind.

Natürlich darf man ebenso wenig in die Falle intellektueller Überheblichkeit geraten, wie es Lisa in besagter Folge tut oder wie es auch bei dem missionarischen Atheisten Richard Dawkins der Fall ist. Auch wenn der gute Professor Gould bei den Simpsons alles andere als positiv wegkommt („Ich habe keine Untersuchung durchgeführt“), so bleibt er mit dem NOMA-Appell doch ein wunderbares Vorbild für beide Seiten. Ehre seinem Gedenken!

Kapitel VIII

SEKTEN, KULTE UND KULTSEKTEN

„Wenn ich einer Untergrundkultgemeinde beitrete,
erwarte ich Unterstützung von meiner Familie.“
Homer Simpson

Zu den bemerkenswertesten Übereinstimmungen zwischen den europäischen Fassungen der Simpsons und dem amerikanischen Original gehört der Umstand, dass die Rolle des Bart Simpson auf beiden Seiten des Atlantiks von einer Frau gesprochen wird. In Spanien leiht ihm Sara Vivas ihre Stimme, in Frankreich ist es Joëlle Guigui, in Deutschland Sandra Schwittau und in den USA Nancy Cartwright. Der entscheidende Unterschied zwischen Cartwright und ihren europäischen Pendants wiederum besteht wohl darin, dass Letztere kaum je 400.000 Dollar für eine Folge bekommen haben dürften, wie es der amerikanischen Stimmkünstlerin zeitweilig vergönnt war. Nimmt man die durchschnittliche Anzahl von 22 Folgen pro Staffel, so kam Nancy Cartwright mitunter auf ein Jahresgehalt von 8,8 Millionen Dollar. Viele Menschen fragen sich: Was macht man eigentlich mit so viel Geld? Nun, im Falle von Frau Cartwright ist die Antwort relativ einfach: Man gibt es Scientology!

Cartwright gehört der „Church of Scientology“ seit 1989 an, also genau seit dem Jahr, in dem sie ihre Karriere bei den Simpsons begann. Zwar sind keinerlei offizielle Statistiken über Mitglieder oder ihre Beiträge bekannt, doch Cartwright wurde 2007 von der „Church of Scientology“ für eine Spende von sage und schreibe

10 Millionen Dollar öffentlich ausgezeichnet. Einmal geriet Cartwright wegen ihrer Mitgliedschaft sogar in Konflikt mit den Produzenten der Simpsons, weil sie ihre Bart-Stimme als Werbung für Scientology einsetzte. In einer automatischen Telefonnachricht an die Mitglieder sagte sie mit verstellter Stimme: „Hey what's happening man, this is Bart Simpson. (In normaler Stimme:) Ha ha ha! Just kidding, this is Nancy Cartwright." Die Produzenten stellten klar, dass sie diese Art der Propaganda nicht unterstützen, disziplinarische Konsequenzen blieben allerdings aus.

Bedenkt man Cartwrights enge Verbundenheit mit Scientology, so darf man sich durchaus fragen, ob sie keinerlei Probleme damit hatte, an einer Folge der Simpsons mitzuwirken, die genau diese Art von religiöser Organisation aufs Korn nimmt: „In den Fängen einer Sekte" (Staffel 9, 1998). Homer begegnet am Flughafen den Vertretern verschiedener religiöser Gruppierungen. Doch weder das Krishna-Bewusstsein noch die in seinen Augen absurde Idee, seinen Nächsten so zu lieben wie sich selbst, können sein Interesse wecken. Das Gratiswochenende der Fortschrittarier (Original: Movementarians) jedoch, das, wie Homer durch längere Befragung in Erfahrung bringen kann, gratis ist und am kommenden Wochenende stattfindet, fasziniert ihn. Der Rest der Geschichte ist schnell erzählt. Homer schließt sich der Gruppe an, fast ganz Springfield tut es ihm gleich, und am Ende retten Marge, Reverend Lovejoy und Ned Flanders die Stadt vor der drohenden Gefahr, indem sie den Gründer der Movementarians als Schwindler entlarven. (Ich bleibe im Folgenden bei dem englischen Namen der Gruppe, den ich für weitaus gelungener halte.)

Will man sich diesem Phänomen aus theologischer Sicht zuwenden, so stößt man bereits bei dem Begriff „Sekte" auf nicht unerhebliche Probleme, da dieser alles andere als klar definiert ist. In der Umgangssprache bezeichnet er jedwede Form von religiöser Gemeinschaft, die in irgendeiner Form als sonderbar gilt. Die Spannbreite reicht dabei von Scientology bis hin zur evangelisch-methodistischen Kirche, der ich selbst angehöre, und wofür ich mir schon mehrfach den Kommentar gefallen lassen musste, ich sei Mitglied einer Sekte. Die Problematik der präzisen Unterscheidung wird auch bei den Simpsons angesprochen, wenngleich unbewusst. Reverend Lovejoy wettert von der Kanzel gegen die religiöse Konkurrenz: „Diese sogenannte neue Religion ist nichts weiter als ein Bündel wunderlicher Rituale, dazu bestimmt, leichtgläubigen Trotteln ihr Geld abzunehmen. Jetzt wollen wir 40-mal das Vaterunser beten, aber zuerst lassen wir den Kollektenteller rumgehen."

Natürlich würde ich, wie auch die meisten anderen Menschen, niemals von mir selbst sagen, dass ich einer Sekte angehöre. Aber woher nehme ich dann das Recht, dies einem Mitglied der Zeugen Jehovas, der Neuapostolischen Kirche oder eben der Movementarians an den Kopf zu werfen? Und warum würde ich es niemals zu einem Katholiken sagen, obwohl auch dieser einer anderen Glaubensgemeinschaft angehört als ich? Im Jahr 1996 berief der

Deutsche Bundestag eine Enquete-Kommission ein, die sich mit dem Thema „Sogenannte Sekten und Psychogruppen" befassen sollte. Zwei Jahre später legte die Kommission ihren Abschlussbericht vor, in dem sie unter anderem empfahl, in staatlichen Stellungnahmen auf den Begriff „Sekte" komplett zu verzichten. So sinnvoll diese Vorgabe für den politischen Diskurs auch sein mag, aus der Umgangssprache wird der Begriff so schnell nicht verschwinden.

Die Evangelische Zentralstelle für Weltanschauungsfragen in Berlin erstellte im Jahr 2003 einen Kriterienkatalog, anhand dessen die „Versektung" einer Gemeinschaft zu erkennen sei. Dabei ist das zunächst seltsam anmutende Wort „Versektung" durchaus klug gewählt, denn viele Bewegungen, die wir heute als Sekten bezeichnen, waren in ihren Anfängen weit davon entfernt. Die Zeugen Jehovas beispielsweise waren zu Beginn lediglich eine Gruppe von Christen, die sich zum Lesen und Auslegen der Bibel zusammenfanden. Heute jedoch zählen sie zu den klassischen christlichen Sekten, aufgrund ebenjener Kriterien, die von der Zentralstelle wie folgt benannt werden und die sich auch bei den Movementarians finden lassen:

„Die Gruppe ist klar ausgerichtet auf eine Führerfigur oder Führerideologie."

Dies trifft ohne jeden Zweifel auf die Movementarians zu. Dass der englische Begriff „leader" in der deutschen Fassung mit Anführer statt mit Führer wiedergegeben wird, ist zwar verständlich, verstellt aber ein wenig den Blick für den diktatorischen Anspruch des Sektengründers, der sich ja nicht nur sämtliche Mitglieder als Sklaven hält, sondern auch eine vollständig auf ihn ausgerichtete Weltanschauung predigt. Das wird vor allem anhand der neuen Schulbücher deutlich, die nun in der Grundschule Springfield Anwendung finden *(Arithmetic the Leader's Way* und *Science for Leader Lovers).*

„Sie bindet ihre Anhänger eng an sich bzw. an das eigene Heilskonzept."

Auch dies ist eine überaus zutreffende Beschreibung der Movementarians. Sämtliche Mitglieder müssen ihre Häuser verlassen und auf das Anwesen der Gemeinde ziehen. Die geographische Gebundenheit ist allerdings kein notwendiges Zeichen einer Sekte. Die Mitglieder von Scientology etwa führen durchaus ihr eigenes Leben mit Familie und Beruf, sind aber dennoch eng an die Gemeinschaft gebunden und auf die Lehren von Scientology fixiert. Auch das Leben der Movementarians ist vollständig von der Hoffnung auf ihr zukünftiges Leben auf dem Planeten Blisstonia bestimmt. Derartige Vorstellungen finden sich übrigens durchaus auch bei real existierenden Gruppen. Besonders tragisch war der Fall der amerikanischen Sekte „Heaven's Gate". Im März 1997 fand man sämtliche Mitglieder tot auf ihrem Anwesen in San Diego. Sie hatten einen Massenselbstmord verübt in der Hoffnung, auf diese Weise an Bord des von ihnen herbeigesehnten Raumschiffes zu gelangen.

„Es gibt kein soziales oder diakonisches Engagement."

In der Tat ist keinerlei Gemeinnützigkeit der Movementarians zu erkennen, sie sind völlig auf die Abschirmung ihrer Mitglieder von der Außenwelt angelegt. Damit unterscheiden sie sich von einigen christlichen „Sekten", wie beispielsweise der bereits erwähnten Neuapostolischen Kirche, die ihr soziales Engagement in den vergangenen Jahren stark ausgebaut hat. Hier findet also derzeit eine gewisse Form der „Entsektung" statt. Das ist auch der Grund dafür, dass es in jüngster Zeit eine verstärkte Annäherung zwischen der Arbeitsgemeinschaft Christlicher Kirchen in Deutschland und der Neuapostolischen Kirche gab.

„Kritik ist weder innerhalb noch von außen möglich. Wer Fragen stellt, wird gemieden oder verteufelt."

Dieser Umstand wird insbesondere an der Springfielder Grundschule deutlich, wo Lisa sich vergeblich gegen die Behauptung ihrer Lehrerin zur Wehr setzt, der Anführer sei für Blitz und Donner verantwortlich und habe die Morsezeichen erfunden.

„Wer die Gruppe verlassen will, wird bedroht; Aussteiger oder Abtrünnige werden tyrannisiert."

Dieses für Sekten typische Verhaltensmuster hat zu einem wahren Berg von Literatur geführt, in der Betroffene über ihre verzweifelten Ausstiegsversuche berichten. Auch bei den Simpsons wird dieses Element mit äußerster Schärfe gezeigt. Marge muss sich durch Stacheldraht, Minenfelder und Krokodile kämpfen, um das Anwesen der Gruppe zu verlassen. Als sie kurz darauf auch noch ihre Familie „entführt“, greifen die Movementarians zu ihrer tödlichsten Waffe: den Anwälten. In einer so prozessfreudigen Gesellschaft wie den USA, wo sogar Red Bull 13 Millionen Dollar für einen Vergleich zahlen musste, da den enttäuschten Konsumenten nicht wirklich Flügel gewachsen sind, sind Anwälte tatsächlich so etwas wie Waffen. Wohlhabende Gruppierungen wie Scientology besitzen sogar eigene Anwaltskanzleien, die sich ausschließlich mit entsprechenden Fällen befassen. Daher ist die Szene bei den Simpsons, in der die Anwälte alle aus einer gemeinsamen Kanzlei wie aus einer Feuerwehrzentrale losstürmen, gar nicht so weit von der Realität entfernt. Die Autoren der Serie hatten ursprünglich sogar mal eine gezielte Parodie der „Church of Scientology“ geplant, sind aber aus Angst vor der berüchtigten Anwaltsarmee der Scientologen davor zurückgeschreckt.

Es sollte beachtet werden, dass bei den hier beschriebenen Merkmalen einer Sekte niemals Bezug auf den Inhalt ihrer Lehre genommen wird. Natürlich mag uns die Vorstellung, dass Menschen auf die Erlösung durch ein Raumschiff warten, in besonderem Maße verrückt erscheinen. Aber nicht anders verhält es sich mit der Überzeugung, dass wir durch Jesu Opfer am Kreuz mit Gott versöhnt wurden, die auf viele Menschen ebenfalls völlig absurd wirkt. Ob es sich bei einer Gemeinschaft um eine Sekte handelt oder ob sie sich zu einer Sekte hin entwickelt, lässt sich in erster Linie an ihrer Struktur und ihrem Umgang mit der Außenwelt feststellen. Natürlich sollte man auch bei der Beurteilung der jeweiligen Lehre seinen Verstand nicht völlig ausschalten. Aber spätestens, wenn der Sektenführer einen weißen Rolls Royce fährt, während man selbst auf dem Feld ackern muss, sollte man misstrauisch werden.

Die Movementarians sind allerdings nicht die einzige religiöse Bedrohung für die Gemeinde von Springfield. Bereits in der fünften Staffel (1993) verfällt die ganze Stadt den Lehren des Selbsthilfe-Gurus Brad Goodman. Ausgelöst wird diese Krise durch Marge, die etwas gegen ihr ständiges Nörgeln unternehmen will. Ihre Schwestern zeigen ihr daraufhin die Informationssendung von Brad Goodman, der sich rühmt, jede nur erdenkliche Krankheit aus dem „Feel Bad Rainbow" heilen zu können, darunter sowohl Unentschlossenheit als auch Entschlossenheit. Marge bestellt sich ein Video von Goodman und sieht es sich zusammen mit ihrem Mann an. Gleich zu Beginn sehen wir Troy McClure, den wir noch aus Selbsthilfevideos wie „Rauchen Sie sich schlank" oder „Mehr Selbstvertrauen, Dummkopf!" kennen. Aber heute will er uns von dem einzig wahren Weg zu geistiger Gesundheit erzählen. Er präsentiert sich selbst als bestes Beispiel für den Erfolg des Programms, da er noch vor kurzem ein abgetakelter Schauspieler mit Alkoholproblemen gewesen sei, heute aber mit Hilfe einer einzigen Dose hochprozentigen Weins ein Selbsthilfevideo moderiere. Diese Wandlung habe er einzig und allein Brad Goodman zu verdanken. Dieser betritt kurz darauf die Bühne, zeichnet mit Kreide einen Kreis an die Tafel und verkündet: „Troy, dieser Kreis bist du", woraufhin dieser begeistert reagiert: „Wahnsinn! Als ob Sie mich mein ganzes Leben lang kennen würden." Ab dieser

Stelle erübrigt sich wohl eine weitere Beschreibung des Videos. Ohne Zweifel wäre Goodman in unserer Gesellschaft ein Auftritt bei *Kalkofes Mattscheibe* sicher.

Wirklich gravierend wird die ganze Sache allerdings erst, als Goodman persönlich nach Springfield kommt. Während seiner Veranstaltung, bei der die ganze Stadt anwesend zu sein scheint, bittet er Bart auf die Bühne und erklärt ihn und sein Lebensmotto „Ich tu, wonach mir ist" zum Vorbild. Begeistert rufen die Anwesenden im Chor: „Wir sind wie der Junge!" (Original: Be like the boy!) Auch Reverend Lovejoy verfällt dem neuen Kult und gibt als Thema seines Gottesdienstes „Be like unto the boy" an. (Der Satz ergibt keinerlei Sinn, sondern stellt eine Anspielung auf das in englischen Bibelzitaten häufig auftretende Wort „unto" dar, das aus dem alltäglichen Englisch so gut wie verschwunden ist.) Anstatt seine Zuhörer mit einer „endlosen Predigt zu langweilen", trägt Lovejoy lieber einen Leitsatz aus dem Buch Bart vor und begibt sich daraufhin an die Kirchenorgel, um, mehr schlecht als recht, das durch den Film *Der Clou* berühmt gewordene Stück *The Entertainer* zum Besten zu geben. Die neue Philosophie der Bewohner von Springfield führt sogar zur Veranstaltung des ersten „Tu wonach dir ist"-Festivals, das eine willkommene Abwechslung zu dem 1946 von deutschen Siedlern ins Leben gerufenen „Tu, was man dir sagt"-Festivals darstellt. Hier jedoch eskaliert die Situation endgültig. Da sich mehrere Arbeiter aufgrund ihrer neuen Einstellung nicht um die Sicherheitsvorschriften gekümmert haben, kommt es zu schweren Unfällen und im Anschluss auch zu einer großen Prügelei. Nun erkennt Lovejoy seinen schrecklichen Irrtum: „Gottes Zorn trifft uns, wir haben diesen Brad Goodman zu unserem Götzen gekürt." Gleich darauf sehen wir ekstatische Tempeldienerinnen Blumen auf eine überlebensgroße goldene Statue Goodmans streuen.

Der Trend zu allen möglichen Formen der sogenannten Selbstverwirklichung beherrscht ohne Zweifel auch unsere Gesellschaft. Nun ist hier nicht der Ort, um über die Sinnhaftigkeit der einzelnen Angebote zu urteilen. Ärgerlich ist es allerdings, wenn auch die Kirche auf diesen Zug aufspringt, wie es Reverend Lovejoy versucht. In einigen Gemeinden muss man sich ja inzwischen entscheiden, ob man zum molkebasierten Heilfasten nach Buchinger geht oder doch lieber am meditativen Töpfern bei Panflötenmusik teilnimmt. Auch wenn derartige Angebote dann meist mit irgendwelchen christlichen Vokabeln aufgepeppt werden: Hier hat die Kirche in ihrem Auftrag versagt.

Neben den mentalen Heilern wie Brad Goodman gibt es in Springfield aber auch jene, die magische Heilungen von körperlichen Leiden versprechen. In Staffel 11 (2000) erleben die Simpsons Brother Faith, einen christlichen Wunderheiler, der seine Zeremonien mit vielen Spezialeffekten wie Lasern und Schlangen versieht. Bart ist überaus angetan von dieser Art der Verkündigung und bemerkt: „Dieser Typ tanzt besser als Jesus höchstpersönlich." Nachdem Brother Faith mit Barts Hilfe Homer von dem Eimer auf seinem Kopf befreit hat, den sich dieser bei einem seiner missglückten Collegestreiche zugezogen hatte, ist Bart endgültig hin und weg. Am kommenden Sonntag beginnt er im Gottesdienst lauthals zu schnarchen, sodass Reverend Lovejoy seine Predigt entnervt unterbrechen muss. Auf seine Frage „Langweile ich dich etwa, Bart?“ entgegnet dieser nur: „Um ehrlich zu sein, ja.“ Barts Behauptung, Kirche könne auch lustig sein und Spaß machen, entlockt den Anwesenden nur müdes Gelächter. Daraufhin beginnt er, seine Vision in die Tat umzusetzen, und veranstaltet seinen eigenen Gottesdienst ganz nach dem Vorbild von Brother Faith. Dazu gehört natürlich auch eine entsprechende Wunderheilung, die Bart an seinem Freund Milhouse vollzieht. Er schlägt ihm die Brille von der Nase und „heilt“ ihn so von seiner Sehschwäche. Leider hat diese vermeintliche Heilung schlimme Folgen für Milhouse, der kurz darauf von einem Auto angefahren wird, das er für einen kleinen Hund hielt. Als er Bart im Krankenhaus bittet, seinen gebrochenen Arm zu heilen, muss dieser leider passen.

Was in einer Zeichentrickserie ganz komisch sein mag, wird leider allzu tragisch, wenn es in der Realität passiert. Am 6. April 2014 erschlug ein 39-jähriger Mann, auf Geheiß einer „inneren Stimme“, im hessischen Herborn einen 67-jährigen Pförtner mit einem Feuerlöscher. Der offensichtlich unter Schizophrenie leidende Täter wurde in die Psychiatrie eingewiesen. Wie sich vor Gericht herausstellte, stand der Täter in enger Verbindung zum Christlichen Zentrum Herborn, einer Gemeinde im Bund Freikirchlicher Pfingstgemeinden. Dort wusste man von den „inneren Stimmen", hatte ihm geraten, der Stimme Satans nicht zu folgen, und für seine Genesung gebetet, ihn aber nicht an einen Arzt verwiesen. Die Richterin zeigte sich erschüttert über so viel Verantwortungslosigkeit: „Hier hat ein Gemeindemitglied eine Sache hingenommen, bei der es fünf vor zwölf war, bei der alle Glocken hätten klingen müssen."

Selbstverständlich dürfen solche tragischen Einzelfälle nicht zur Verdammung einer ganzen Bewegung führen. Dennoch müssen die entsprechenden Gefahren klar benannt werden. Auch bei Scientology etwa wird der Gebrauch von Psychopharmaka strikt abgelehnt, was mitunter verheerende Folgen haben kann. Das Problem besteht allerdings nicht sosehr darin, dass man alternative Formen der Heilung sucht, sondern dass den Leuten mitunter eingeredet wird, die Einnahme von Medikamenten sei ein Zeichen schwachen Glaubens.

Natürlich wäre es mehr als ungerecht, die Pfingstbewegung einzig und allein auf ihre Wunderheilungen zu beschränken. Das beeindruckende Wachstum dieser Bewegung in den vergangenen Jahrzehnten dürfte vor allem auf die Art der gottesdienstlichen Gestaltung zurückzuführen sein, eben jene Art, die auch Bart so begeisterte. Gottesdienste werden als Events mit entsprechenden Showeinlagen gefeiert, natürlich gehören auch die entsprechenden Zeichen und Wunder dazu. Der Wunsch von Bart, dass Kirche aufregend sein soll, wird hier Wirklichkeit. Nun könnte man sagen: Diese Bewegung gibt den Menschen das, wonach sie sich sehnen, und der Erfolg gibt ihr recht. Auf der anderen Seite muss aber auch die Frage erlaubt sein: Ist die Kirche eine Dienstleisterin, die nur dazu da ist, die Bedürfnisse der Menschen zu befriedigen? Ist sie nicht vielmehr Stellvertreterin Christi auf Erden?

Jesus lehnte Zeichenforderungen wiederholt ab. Bereits der Versucher in der Wüste wollte ihn zu einer solchen Demonstration reizen, doch Jesus widerstand ihm.

In Matthäus 12,38-40 heißt es: „Da fingen einige von den Schriftgelehrten und Pharisäern an und sprachen zu ihm: Meister, wir möchten gern ein Zeichen von dir sehen. Und er antwortete und sprach zu ihnen: Ein böses und abtrünniges Geschlecht fordert ein Zeichen, aber es wird ihm kein Zeichen gegeben werden, es sei denn das Zeichen des Propheten Jona. Denn wie Jona drei Tage und drei Nächte im Bauch des Fisches war, so wird der Menschensohn drei Tage und drei Nächte im Schoß der Erde sein." Und als Thomas erst durch die Berührung der Hände seines Meisters zum Glauben findet, spricht dieser zu ihm: „Weil du mich gesehen hast, Thomas, darum glaubst du. Selig sind, die nicht sehen und doch glauben!"

Auch Paulus greift dieses Thema in seinem Brief an die Korinther auf: „Die Juden fordern Zeichen, und die Griechen fragen nach Weisheit, wir aber predigen den gekreuzigten Christus." Das ist das Entscheidende! Der gekreuzigte Christus ist und bleibt der Mittelpunkt unseres Glaubens, jede Theologie, jede Predigt, jeder Gottesdienst müssen auf ihn ausgerichtet sein. Wenn die charismatische Bewegung dazu beiträgt, so ist ihr der Segen Gottes gewiss, wenn aber nur die Bespaßung und Animation der Mitglieder im Vordergrund stehen, sind ernsthafte Zweifel angebracht. Interessant ist in diesem Zusammenhang die Aussage Reverend Lovejoys, mit der er sich gegen den Vorwurf, seine Gottesdienste seien langweilig, zu verteidigen sucht: „Ich mache das Beste aus dem Material, das ich zur Verfügung habe." Leider ist diese Behauptung grob falsch, denn Lovejoy ist ein minderbegabter Prediger, der eben nicht das Beste aus der Bibel herausholt. Für gewöhnlich verliest er obskure Passagen aus der Heiligen Schrift, anstatt auf ihren prophetischen Geist und ihre erlösende Botschaft zu vertrauen. Bart hat ja im Grunde völlig recht: „Ein guter Prediger kann die Bibel zum Leben erwecken." Aber dazu braucht es weder Disco noch Chili Pommes frites.

SCHLUSSGEDANKEN

„Wer kauft ein Medikament, das blind macht?" – „Darum soll sich die Marketingabteilung kümmern." Dieser Dialog des Forscherteams aus der bereits erwähnten Folge „Der berüchtigte Kleinhirn-Malstift" kam mir beim Schreiben des Öfteren in den Sinn. Wer kauft ein Buch über die Simpsons und die Theologie? Zwar neige ich als Autor nicht zur wirtschaftlichen Zielgruppenanalyse; derartige Profanitäten überlasse auch ich getrost der Marketingabteilung meines Verlages. Dennoch fühle ich mich meinem Leser selbstverständlich verbunden und interessiere mich für ihn.

Sie, verehrter Leser, sind mir gegenüber klar im Vorteil, denn Sie wissen natürlich, warum Sie sich dieses Buch gekauft haben. Mir bleibt zu diesem Zeitpunkt lediglich die Möglichkeit der Spekulation. So, wie ich das sehe, haben Sie dieses Buch entweder gekauft, weil Sie ein Fan der Simpsons sind oder weil Sie sich für Theologie interessieren. Im besten Fall trifft eine Mischung aus beidem zu, aber ich halte es für wahrscheinlicher, dass einer der beiden Faktoren der ausschlaggebende war. Wenn dem so ist, dann hoffe ich, dass Ihr Interesse an dem jeweils anderen Gebiet ein wenig geweckt werden konnte. Als Simpsonsfan haben Sie vielleicht erkannt, dass Theologie nicht nur etwas für langweilige Spießer ist, und als frommer Christenmensch konnten Sie womöglich einige

Ihrer Vorurteile gegenüber der Serie abbauen. Wobei es beinahe schade wäre, wenn Sie erst jetzt zu den Simpsons gefunden hätten, wenn man bedenkt, dass seit etwa zehn Jahren keine wirklich guten Staffeln mehr produziert werden. Vielleicht hätte man bei der Produktion irgendwann die Grenze ziehen sollen, ähnlich wie beim Neuen Testament. Dort sagte man eines Tages: Also schön, die Pastoralbriefe nehmen wir noch mit rein, aber dann ist auch wirklich Schluss! Anders als das Neue Testament funktioniert das Fernsehen allerdings nach rein wirtschaftlichen Kriterien, und so werden die Simpsons wohl einfach so lange weiterproduziert, bis die Serie irgendwann keinen Gewinn mehr abwirft.
Doch wir wollen nicht über das niedrige Niveau der jüngeren Staffeln klagen, sondern uns stattdessen darüber freuen, dass uns unzählige Stunden bester Unterhaltung geschenkt wurden. Wenn selbst Ned Flanders es nicht für unpassend hält, Gott im Gebet für die Schlümpfe zu danken, dann möchte auch ich an dieser Stelle meiner Dankbarkeit für die Simpsons Ausdruck verleihen. Denn ob man nun blaue oder gelbe Zeichentrickfiguren mag, stets gilt der Ausruf des Apostels: „Freuet euch in dem Herrn allewege, und abermals sage ich: Freuet euch!“